高齢者のレクリエーションシリーズ ④

座ったままで楽しめるあそび
BEST 41

グループこんぺいと編著

黎明書房

PREFACE はじめに

こんなところに気をつけて

　座ったままで楽しめるメニューは，指導をする側にたつとすぐに気分転換ができて使いやすい利点はありますが，気をつけないと刺激が少なくなりがちです。たとえば，手指のメニューの折り紙を折るときは，折る前に深呼吸をしたり上半身や足を軽く動かしたり，折り紙を折ったあとも全員で折ったものを手に持ち高く上げたり下げたりなどと，できるだけいろいろな関節や筋肉を動かせるような配慮をしましょう。

●座るときの姿勢は，深く腰掛け，背すじが真っ直ぐ伸びるようにします。
　・寝たきりの人は短時間でも，必ずベッドの上で体を起こした姿勢でするのが原則です。起こすだけでも筋肉がついてきます。
　・車いすの人は，できるだけいすに座ってしまいましょう。
●あそびメニューを始めるときは，いきなり始めるのではなく，おしゃべりをしたり歌をうたったりしてリラックスした雰囲気を作りましょう。
●片マヒの人は，あそぶときは動作がしやすいように装身具をはずし，いすに移ったほうがよいでしょう。障害に応じ，できるところを少しずつ介助し，励ましながらすすめてください。

　　　　　　　　　　　菅野満喜子（グループこんぺいと代表）

もくじ

はじめに 3

 手・指を使って楽しむ ———— 7

1 キャベツはキャッキャッキャッ 8
2 でんでんむし 10
3 チイチイパッパ 12
4 うち・そと・ホイ 14
5 ちょっと おばちゃん 16
6 サル&サイ 18
7 おなべふど 19
8 山小屋いっけん 20
9 線路は続くよどこまでも 22
10 指ずもう 25
11 おべんとう箱 26
12 とんとんとんとんひげじいさん 28
13 おはぎの嫁入り 30
14 便利箱 32

もくじ

- 15 紙鉄砲 33
- 16 はし袋 34
- 17 色紙で折るフレーム 36
- 18 くす玉 38
- 19 紋切り 40
- 20 グルグルかこう 43
- 21 六角返し 44
- 22 リンゴの皮むき 46
- 23 にじみ絵 48
- 24 つなぎ飾り 50
- 25 ポンポンを作ろう 52
- 26 絵かき歌 54

あそびの合間に簡単ストレッチ 57

ゲームで楽しむ ─ 59

- 27 顔あそび 60
- 28 じゃんけんおはじきとり 62

29　じゃんけんサイン　63
30　らかんさん　64
31　はい1,2　66
32　しゃんしゃんしゃん　68
33　お肩をトントントン　70
34　ペアしりとり　72
35　1,2,3,4,元気,若い　74
　　ちょこっとあそび①　足であそぼう　75
　　ちょこっとあそび②　見ざる・言わざる・聞かざる　76

 ## 歌って楽しむ　77

36　一年中のうた　78
37　HAI！HAI！HAI！　80
38　げんきおんど　82
39　かなづちトントン　84
40　赤い靴　86
41　山の音楽家　88
　　ちょこっとあそび③　あんたがたどこさ　90

＊本文イラスト：伊東美貴

手・指を使って楽しむ

ねらいは…
指先の末梢の血液循環をよくし，大脳に刺激を与え老化防止になります。指導者や介護者と同じ動作で手を動かしたり歌ったり，同じ作品を作ったりすることは，人と楽しく共感できる大きな喜びです。また，指示を聞いたり見たりすることで脳の活性化も期待でき，若い時代を思い出し，創造力や思考力をも刺激し，生きる「はり」にもなります。
作品をきちんと仕上げることが目的ではなく，楽しく人と共感しながら手・指を使って刺激することが大切です。

1 キャベツはキャッキャッキャッ

リズムは唱えるようにしぜんに。「キャッ」とか「キュッ」とか，普段お年寄りの会話の中ではなかなか言ったり聞かなかったりする言葉です。音を楽しみながら手を動かしましょう。

◯**人数**／何人でも
◇**準備**／特になし（歌詞を紙にかいてはってもよい）

LET'S TRY

①好きな野菜の音を出そう。

「好きな野菜はなんですか？」と1人ずつ聞いて，好きな野菜を歌っていきます。

「トマト？」「ではトマトを買いましょう。♪トマトはトントントン」と動作をつけながら，全員聞いてみます。

②みんなでやってみよう。

1番から8番まで，ゆっくり歌って動作をつけます。

③1人ずつやってみよう。

「◯◯さん，好きな野菜を買ってきて」と指名して，1人ずつやってもらいます。

「◯◯さんは，クサイクサイ，ハクサイが好きなんですね」

「◯◯さんは，ジンジンジンのニンジンですか？　ニンジンのどんなお料理が好き？」などとユーモラスに会話を続けながらやってみましょう。

> **POINT**
> 指導者は意識して言葉をはっきりと言うようにします。指先を動かすのも，テンポよく手をピンと伸ばしたり握ったりして刺激的に。

手・指を使って楽しむ

1番♪キャッキャッキャッ

両手をパーにして、小さく振る

2番♪キュッキュッキュッ

グーにして重ね、握ったりゆるめたりする

3番♪トントントン

グーにして重ね、上下・交互にトントンたたく

4番♪コンコンコン

軽く頭をたたく

5番♪チャチャチャ

両手を上下にすり合わせる

6番♪ジンジンジン

忍者のように両手を組む

7番♪ピンピンピン

人さし指でつっつくように指さす

8番♪クサイクサイクサイ

鼻をつまむ

キャベツはキャッキャッキャッ

作詞／福尾野歩　作曲／不明

1. キャ　ベー　ツリ　は　キャッ　キャッ　キャッ
2. キュ　ー　ト　は　キュッ　キュッ　キュッ
3. ト　マ　ト　は　トン　トン　トン
4. ダ　イ　コン　は　コン　コン　コン
5. カ　ボ　チャ　は　チャ　チャ　チャ
6. ニ　ン　ジン　は　ジン　ジン　ジン
7. ピ　ー　マン　は　ピン　ピン　ピン
8. ハ　ク　サイ　は　クサイ　クサイ　クサイ

2 でんでんむし

「かたつむり」の歌をうたいながら,指先と指先をくっつけ,集中力を要する手あそび。ゆっくり確実に動かしましょう。

◯**人数**／何人でも　◇**準備**／特になし

LET'S TRY

親指と親指,人さし指と人さし指をくっつけたり離したりして動かします。はじめはゆっくり指を動かして,何回か練習したら歌に合わせてみます。慣れたらテンポを速くしたり遅くしたり,「前進」「バック」の指示を与えて集中力をアップさせます。

〈スタート〉　　　　　　　　〈前進〉

①両方の親指と人さし指で三角形を作ってスタート。　②どちらか一方の親指を離して人さし指につけます。

③人さし指を離します。　④次にもう一方の手の親指を人さし指につけます。

⑤つけた人さし指を離して伸ばし,スタートの形にしてくり返し。

手・指を使って楽しむ

〈バック〉
①スタートは同じです。まず、どちらか一方の人さし指を親指につけ、その親指を離します。
②次に反対の人さし指を親指につけ、その親指を伸ばしてスタートの形にして①からくり返します。

> **POINT**
> 歌は「もしもしかめさん」でもOK。こうしなくてはというのではなく、まずは三角形を作ってみて、その人が動かせる範囲で親指と人さし指を動かしてみることから始めましょう。

◆バリエーション／両手とも親指と人さし指を広げ、親指と人さし指をくっつけます(①)。両方の手をクルリとひっくり返して人さし指に親指をそれぞれくっつけます(②)。クルックルッと①と②を交互にくり返して、リズミカルに「かざぐるま」を作ります。

● かざぐるま ●

① ②

3 チイチイパッパ

「すずめの学校」（作詞／清水かつら）の歌に合わせて，グー，チョキ，パー，チイと順に手を出していきます。大きな声を出し，指をピッと立てて元気にあそびます。

○**人数**／何人でも
◇**準備**／特になし

LET'S TRY

はじめは「すずめの学校」とは言わず，「"チイチイパッパ"をやってみましょう」と手を動かします。やっているうちに，しぜんに「すずめの学校」だと気づくのがおもしろいです。

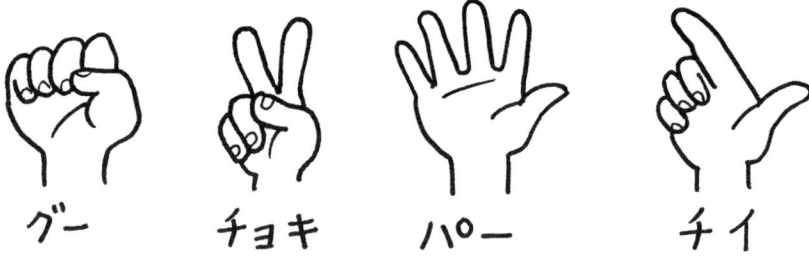

①グー，チョキ，パーを片手，両手と何回かくり返してみましょう。
②親指と人さし指を開いたチーを加え，グー，チョキ，パー，チイを続けてやってみます。
③チイチイパッパを何回かくり返し，「すずめの学校」のリズムで動かすようにしましょう。
④「すずめの学校」を歌いながら動作をつけます。
　♪チイチイパッパ，チイパッパ
　（③の動作）

手・指を使って楽しむ

♪すずめの  ♪学校の先生は  ♪むちをふりふり

両手を横に振る　　両手をめがねの形にし，　　右手をむちにして振る
　　　　　　　　　目にくっつける

♪チイパッパ（❸の動作）

●**慣れたら**…「すずめの学校」の歌を大きな声でちょっと速いテンポで歌い，チイチイパッパのところだけ慣れた手つきで元気に動かします。
途中でストップさせたり，遅い速いの変化をつけたり，バリエーションを楽しみましょう。

> **POINT**
> チイチイパッパのところは指をしっかり伸ばします。
> 「すずめの学校の先生になってくれる人は？」と，何人か前へ出てやってもらうと楽しいでしょう。

4 うち・そと・ホイ

手のひらが「内」，手の甲が「外」。拍手したり，隣の人と手を打ち合ったり，歌詞によって動作の指示が変わります。好きなように歌いながら動作を変えることもできます。ちょっとボケているお年寄りには1対1で向かい合って，ゆっくりリードしながら楽しみます。

○**人数**／2人1組で4〜10人ぐらい
◇**準備**／特になし

LET'S TRY

①輪になって座る。

②♪内

拍手。

③♪外

隣の人同士，手を打ち合う。

④♪ホイ

頭を軽くたたく。

14

手・指を使って楽しむ

⑤♪右

右手で隣の人の肩をたたく。

⑥♪左

同様に左手で隣の人の肩をたたく。

・慣れたら速く遅く，テンポを変えていきましょう。
・♪ホイホイホイホイ　内内ホイ　などと，指導者が好きなように歌詞を変え指示を与えます。

◎**1人でするときは**…介護者が歌って，手の体操ふうに1人で手をはっきり動かします。「右右ホイ」のときは右手を横に突き出すように動かします。

> **POINT**
> 腕を動かすねらいを常に考えながら，ゆっくりでもいいから一つひとつていねいに動かしましょう。

うち・そと・ホイ

詞・採譜　二階堂邦子

(二階堂邦子著『あがりめ　さがりめ　手あそびうた50　第1集』学事出版，1979年，p.96)

5 ちょっと おばちゃん

歌いながらグー・チョキ・パーを出し合ってジャンケンをします。慣れて素早く出すのがおもしろいです。

○**人数**／2人1組で何組でも
◇**準備**／特になし

LET'S TRY

両手でグー・チョキ・パーを出して最後のジャンケンは片手にすると，指先の刺激になります。はじめに，「さあ，両手がたくさん動くように，よーくマッサージしてあげてね」と両手をこすって準備をします。歌いながら，リズミカルにゆっくり手を動かしましょう。

①♪ちょっと

②♪おばちゃん

③♪おにぎり

④♪ちょうだい

⑤♪かーみに

⑥♪つつんで

手・指を使って楽しむ

⑦♪おにぎり

⑧♪ちょうだい

⑨（じゃんけんぽん）

●慣れたら勝ち抜きジャンケン大会をしよう

2グループに分かれ，1対1で次々にジャンケンで勝ち抜き勝負をしていき，それぞれのグループで最後まで勝ち残った人同士が対決してチャンピオンを決めましょう。

> **POINT**
> 「元気がない手は負けますよ」と言って，チョキやパーはピッピッと指を伸ばし，グーはギュッと握って，1つ1つをしっかり動かすようにします。

6 サル＆サイ

合図を聞いて素早く手を動かします。思わず真剣になってピシャンとたたいたり，力がはいってしまうところが楽しいゲームです。

◯**人数**／2人1組
◇**準備**／特になし

LET'S TRY

① 2人で向かい合い，それぞれ役割を「サル」か「サイ」に決めて，相手の片方の手をはさむように交互に両手を入れて前に出します。

② 指導者が，「サーサーサーサル！」と言ったら，「サル」の人が「サイ」の手をたたき，「サイ」はたたかれないように素早く手を引っ込めます。

③ 何回かくり返して勝負します。

POINT

「サーサーサーサクラ！」などと，「サ」のつく言葉をいろいろ言って，指導者は楽しく合図をします。間違って手を動かしたときはアウト。楽しい罰ゲームを用意してもよいでしょう。

7 おなべふど

寝たきりのお年寄りに，ユーモラスに気分を刺激するのによいふれあいあそびです。「○○さん，若いときはどんな人だったか，占ってみましょうか」と「おなべふど」をやってみます。おなべふど，と言いながら優しく腕を押さえていくと，不思議と親近感を覚え，最後に笑っておしまいになります。

○**人数**／1対1で
◇**準備**／特になし

LET'S TRY

はじめに，介護者が「おなべふどで，占ってみよう」と神妙に言って，お年寄りの腕をとります。何回かやってから，次にお年寄りが介護者の腕を持って「おなべふど」をやります。

①相手の中指と自分の親指をつけ，そこから上へ中指の先の届くところまでを計ります。

②中指の届いた位置から上へ，左右の親指を横にしてフワフワと腕をつかむようにして，交互に重ねていきながら「おなべふど，おな……」と歌っていきます。

③親指がひじの曲がりめにきたときの言葉が，「お」なら親孝行，「な」ならなまけもの……，「べ」なら勉強家，「ふ」ならふまじめ，「ど」なら努力家という占いになります。

> **POINT**
> 「おなべふど」とはっきり言いながら，ゆっくり押さえていきます。

8 山小屋いっけん

おじいさんが登場する，ちょっとしたストーリーのある手あそびです。腕の関節をよく動かせるように，動きを少しオーバーにして紹介します。

◯**人数**／何人でも

◇**準備**／なし

LET'S TRY

はじめに，楽しく歌って，次に手を動かしましょう。

①♪やまごやいっけんありました　　②♪まどからみている　おじいさん

体の前で腕を大きく動かします。　　両手を前に伸ばし，指でまるを作り，目のところまで近づけたり，伸ばしたりする。

③♪かわいいうさぎが　ぴょんぴょんぴょん　　④♪こちらへ　にげてきた

両手の指を2本立て，腕を伸ばして左右に大きく振る。　　2本の指を，だんだんと顔に近づける。

⑤♪たすけて　たすけて　おじいさん　　⑥♪りょうしのてっぽう　こわいんです

 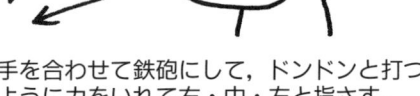

両手を大きく広げたり胸につけたりする。　　手を合わせて鉄砲にして，ドンドンと打つように力をいれて右・中・左と指さす。

手・指を使って楽しむ

⑦♪さあさあ　はやく　おはいんなさい　　⑧♪もう　だいじょうぶだよ

両手の手首を動かし，手まねきをする。　　片手で2本の指をたて，もう片手でなでる。

POINT
手をゆっくりと大きく動かして，腕や手首の関節が動くように言葉をかけていきましょう。

◆バリエーション／指導者が「ドンドンドン」と鉄砲で撃つように，誰かを指名すると，その人が手を動かします。みんなは手拍子で歌をうたい，終わったら次の人を「鉄砲で指名」していきます。

山小屋いっけん

訳詞／志摩桂　アメリカ民謡

線路は続くよどこまでも

歌に合わせて、手やひざを打ったり手をつないだり、リズムに合わせて上半身を動かします。輪になれるくらいの人数ですると楽しいでしょう。

○**人数**／何人でも
◇**準備**／特になし（歌詞を大きくかいた紙をはっておいてもよい）

LET'S TRY

はじめは隣の人との間をあけないように座ります。慣れたら、両手を伸ばして隣の人と手がつなげるくらいに少し距離を離して座り、腕の運動になるようにします。

①♪せんろはつづくよ　どこまでも

両手で自分のひざを2回打ち、両隣の人のひざを2回打つ、をくり返します。

②♪のをこえやまこえ　たにこえて

拍手2回、両隣の人と手を2回打ち合わせる、をくり返します。

手・指を使って楽しむ

③♪はるかなまちまで

手を額につけ，左右交互に遠くを見る動作をします。

④♪ぼくたちの

片手ずつ，胸に手をあてクロスします。

⑤♪たのしいたびのゆめ　つないでる

両隣の人と手をつなぎ，リズムに合わせて振ります。

※2番も同じようにくり返します。

線路は続くよどこまでも

訳詞／佐木　敏　アメリカ民謡

POINT

- 隣の人との距離は，手をのばして隣のひざにとどくくらいにします。隣の人のひざをたたくときは腕をのばして，ウエストの筋肉を意識して上半身も一緒に少しひねるように動かしましょう。
- いすに座るときは，ざぶとんをはさんだりして背すじがしっかり伸びた姿勢で。

10 指ずもう

手から相手のぬくもりが伝わってきます。互いに手と手をふれて、指でおすもうをとる地味なあそびですが、お年寄りには楽しいあそびです。言葉がけで盛り上げて、指先をたくさん動かしたり力をいれたり、刺激的なあそびにしてください。

○**人数**／2人1組で何組でも
◇**準備**／親指に結ぶリボンなど（あれば）、輪ゴム

LET'S TRY

指と指の小さなあそびなので、目立つようにリボンなどで勝った人の親指を結び、また続けましょう。「よーい、どん！」の合図で始めます。

①片手ずもう／相手の親指を自分の親指の下に押さえつけて、1〜10まですばやく唱えた方が勝ち。右手、左手、両方やってもよいでしょう。

②両手ずもう／両手一緒にやってみます。注意力が分散するので、左右勝つのは大変ですが、両手をふれあう意味でやってみるとよいでしょう。1つ押さえたらもう1つも、と順にやってみても。

③輪ゴムずもう／親指に1つの輪ゴムをかけて、それをとりっこします。カラー輪ゴムを使うと楽しい。

♣指ずもうが終わったら、対戦相手同士で「おつかれさま」の握手をしましょう。

POINT

・互いに見合って、「よーい、どん！」の合図で始めると、「さあ、やるぞ」と指に集中し気合がはいります。
・勝ち抜きにして、チャンピオンを決めたり、対戦相手をどんどん変えたり、あそびをふくらませることができます。

11 おべんとう箱

おべんとう箱の中身をリズミカルに動作で表し、手・指に刺激を与えるあそびです。楽しく手指を動かして、おべんとう箱を作って、それから本物のおべんとう（昼食）を食べるのもよいでしょう。

○**人数**／何人でも

◇**準備**／特になし

LET'S TRY

1つ1つの動作をゆっくりとやってから、歌いながら一緒にやってみましょう。

①♪これくらいの　おべんとばこに

両手の人さし指で、四角いおべんとう箱の形をかく。両腕を大きく動かして。

②♪おにぎりおにぎり

ギュッギュッと力を入れて握っておにぎりを握る動作。

③♪ちょいとつめて

おにぎりを箱につめる動作を、握ったまま右、真ん中、左とはっきりと3回動かす。

④♪きざみしょうがに

左手をまな板にし、ショウガをきざむ動作。右手の包丁を上下に元気よく動かして。

⑤♪ごまふって

グーと握って勢いよくパッパッと開く。

⑥♪にんじんさん

「にん」で両手の指2本をピンと立てて左右にふり、次に「さん」で3本の指を前で指をピンと立てる。

手・指を使って楽しむ

⑦♪ごぼうさん
両手を広げ,前に出して左右に振り,「さん」で3本の指を前へ出す。

⑧♪あなのあいた れんこんさん
両手で輪を作り,「さん」で3本の指を前へ突き出す。

⑨♪すじのとおった ふき
左手で右手を,手先から肩までなで上げる。「ふき」で左手を口に当てて吹く動作。

おべんとう箱

作詞・作曲／不明

これくらいの おべんとばこに おにぎりおにぎり ちょいとつめて
きざーみしょうがに ごまふって にんじんさん ごぼうさん
あなのあいた れんこんさん すじのとおった ふうーき

●終わったら…

「どんなおべんとうが好き？」「作るのに得意だったおべんとうは？」などと,おしゃべりしましょう。

> **POINT**
> 動作を大きく,「にんじんさん」「ごぼうさん」の指は力を入れてピンと立てて,間違えないように。

12 とんとんとんとんひげじいさん

子どもにかえったつもりで楽しく歌いながら手を動かします。手をグーにして，とんとんとんとたたくのがポイント。うまくグーを重ねてたたくことができるでしょうか。

○**人数**／何人でも
◇**準備**／特になし

LET'S TRY

①まずは「とんとんとんとん」であそびましょう。
　両手をグーにして，ひざをたたいて，自分の肩をたたいて，頭を軽くたたいて，両手のグーを合わせてたたいてみます。最後に，グーを重ね，「とんとんとん」と上下交互にしてたたきましょう。

②歌に合わせて動作をつけましょう。

♪ひげじいさん

両手をグーにして上下に交互にたたき，グーのままあごにつける。

♪こぶじいさん

グーを両頬につける。

♪てんぐさん

両手のグーを重ねて鼻につける。

♪めがねさん

両手で輪を作り目に当てる。

手・指を使って楽しむ

♪おでこさん　そふぁみれどー

手を額につけて，ゆらゆらしながら下ろす。

とんとんとんとんひげじいさん

作詞／不明　作曲／玉山英光

●慣れたらユーモラスなバリエーションで手を大きく動かして…

「〜ひげじいさん」を歌ったすぐ後に，「おひげがバリッととれました」とこぶしをバリッと下に落とす動作を加えます。同様に，「こぶがポーンととれました」と両手のこぶしを横に大きく飛ぶように。「めがねがズリッとずれました」で，輪にしている手を下へズリズリと下ろして。「おでこが，いたいいたいいたい」で軽く額をたたきます。

POINT
リズミカルに動かし，テンポを速くしたり遅くしたり変えてみましょう。「とんとんとんとん」はしっかり打ち合います。

13 おはぎの嫁入り

あんこときなこの、おはぎを作る動作が手あそびになっています。寝たきりのお年寄りには、介護者が優しく頬をなでてあげたり、手で頬を包んであげるとよいでしょう。

◯**人数**／何人でも
◆**準備**／特になし

LET'S TRY

「ちょっとお化粧しましょうね」と深呼吸。鼻から吸って口から息を吐きながら両頬をよーくなで、「きれいになりましたか？」などと言って、たっぷり手で頬にふれてから歌に入りましょう。

①♪おはぎがおよめにゆくときは

両手でおだんごを作るように、まるめる動作。

②♪あんこと

右手で右頬をなでる。

③♪きなこで

左手で左頬をなでる。

④♪おけしょうして

両頬を両手でクルクル回し、お化粧する動作。

⑤♪まるいおぼんにのせられて

両手で大きな輪をつくる。

手・指を使って楽しむ

⑥♪ついたところは　4回拍手。
⑦♪おうせつま　両手を広げる。
⑧「いただきまーす」　あいさつして食べるまね。

おはぎの嫁入り

作詞／不明　アメリカ民謡

1. おはぎがおよめにゆくときは　あんこときなこでおけしょうして

まるいおぼんにのせられてついたところは　おうせつま

○**終わったら…**「おはぎの次は何を作りましょうか？」と聞いて,「ケーキ」「おすし」「おにぎり」などの替え歌でやってみましょう。
♧たとえば, ♪ケーキがおよめにゆくときは, クリームとイチゴでおけしょして〜。

◆**バリエーション**／言葉を1つずつ抜いて動作はそのままで歌います。抜く言葉を次々に1〜3つと増やしていきます。はじめに「おはぎ」を抜かして歌ったり,次は「おはぎ」と「あんこ」にしてみたりします。

POINT
ゆっくりと歌い,動作をていねいに行い,両手を確実に動かします。

14 便利箱

長方形の紙で、作りおきしてテーブルの上においておくと何かと便利な箱です。広告の紙で作ってくず入れにし使い捨てにしたり、きれいな紙で作ってお菓子を分けるときに使ったりすることもできます。

○**人数**／何人でも
◇**準備**／長方形の紙

LET'S TRY

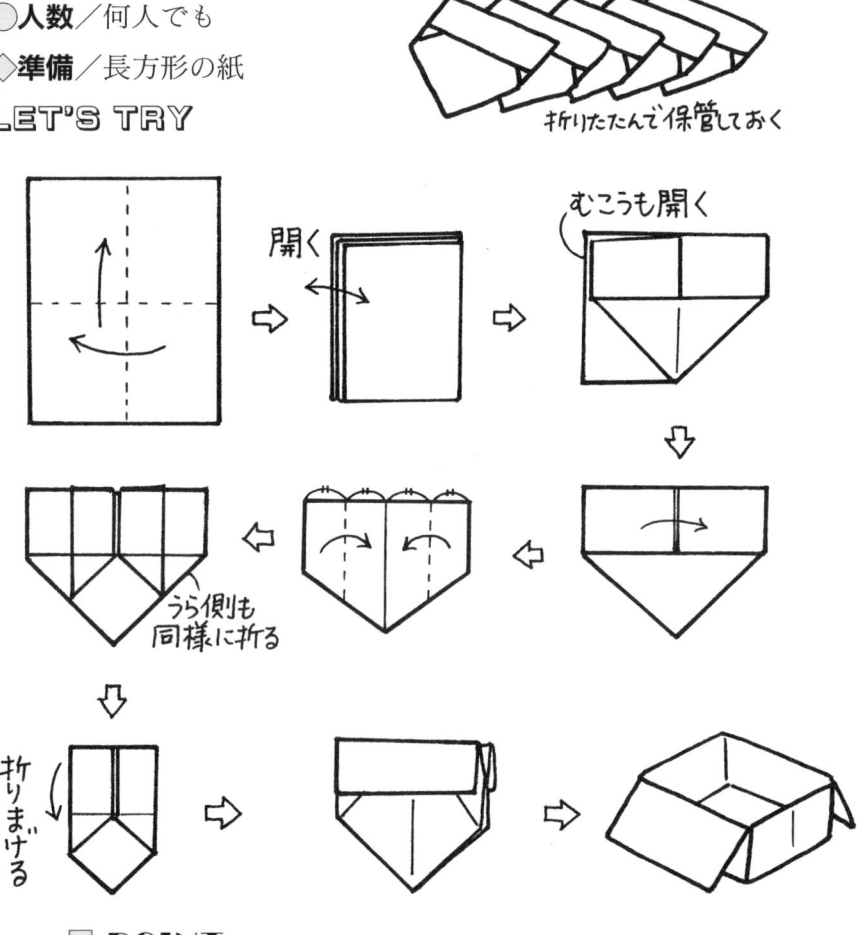

| POINT
用途により、紙の質をかえて作るとよいでしょう。たくさん作って保管するときは、たたんで重ねておきます。

15 紙鉄砲

結構大きな音がしてびっくり！ ゲームのスタートや終わりの合図にしたり，音くらべで競ったり。腕に力を入れ思い切り振るとパンと音が出る……。介護する人がお年寄りに作って音を出してあげるのも，刺激になるでしょう。

○**人数**／何人でも
◇**準備**／長方形の紙

LET'S TRY

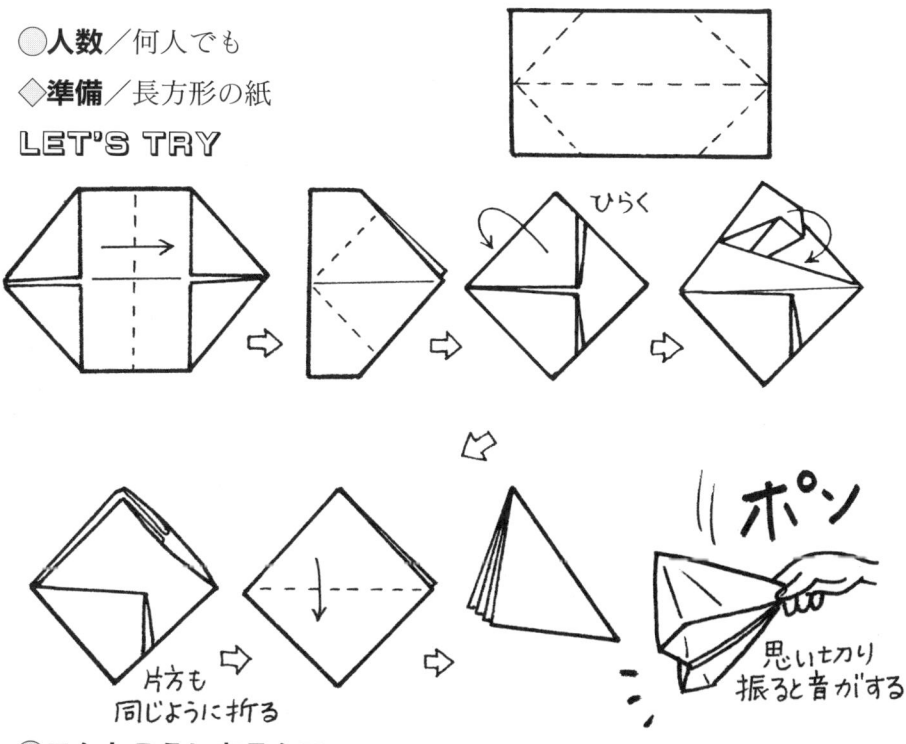

○**こんなふうにあそんで**

紙鉄砲を作ったら，音くらべ勝ち抜き競争をやってみましょう。2人ずつ向かい合って，大きな音が出たほうが勝ち。

> **POINT**
> 紙は，固すぎても柔らかすぎても音が出にくいです。新聞のチラシ広告ぐらいの固さがちょうどよいです。

16 はし袋

ちょっとした集会用やお客さま用に、作りおきしておくとよいでしょう。春にはピンクやウグイス色で作るとか、季節に合ったはし袋もステキです。指先が器用に動く人は、かわいい楊枝の姉様人形を添えると、素敵なプレゼントになります。

● **人数**／何人でも

◆ **準備**／15cm×30cm くらいの紙（和紙やカラー上質紙など）
 ※紙の長さは好みでOK。長さの短い割りばしに合わせて作り、お孫さん用と大人用とセットにするのもかわいいです。

LET'S TRY

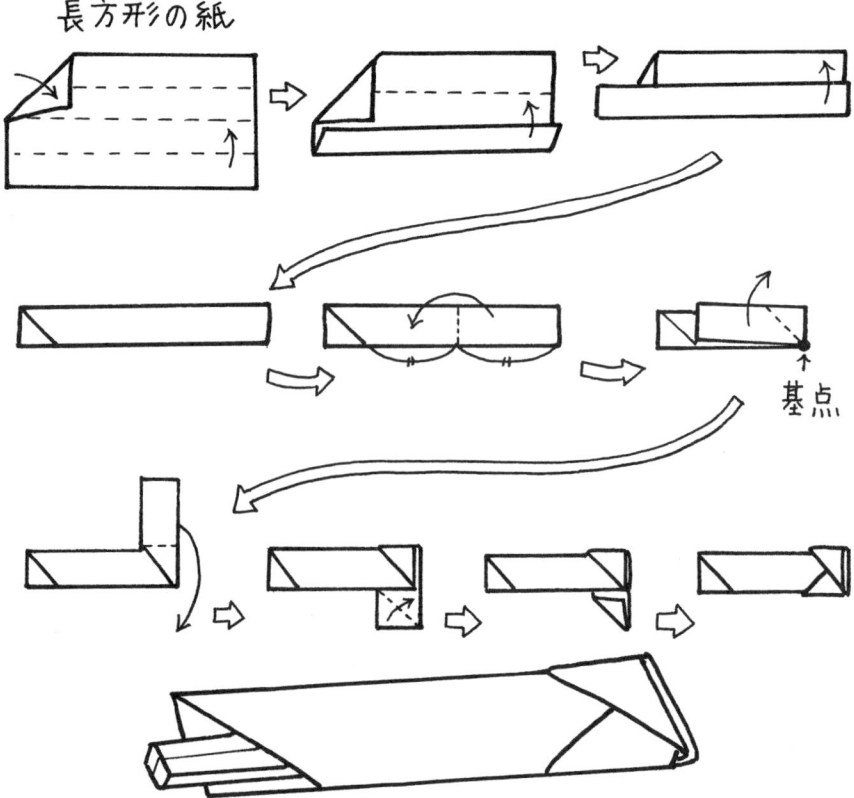

手・指を使って楽しむ

> **POINT**
> 割りばしは紙袋つきでないものを用意します。

● 楊枝の姉様人形 ●

割りばしにつけなくても，楊枝の姉様人形だけを何本かセットにしてプレゼントにしても喜ばれます。

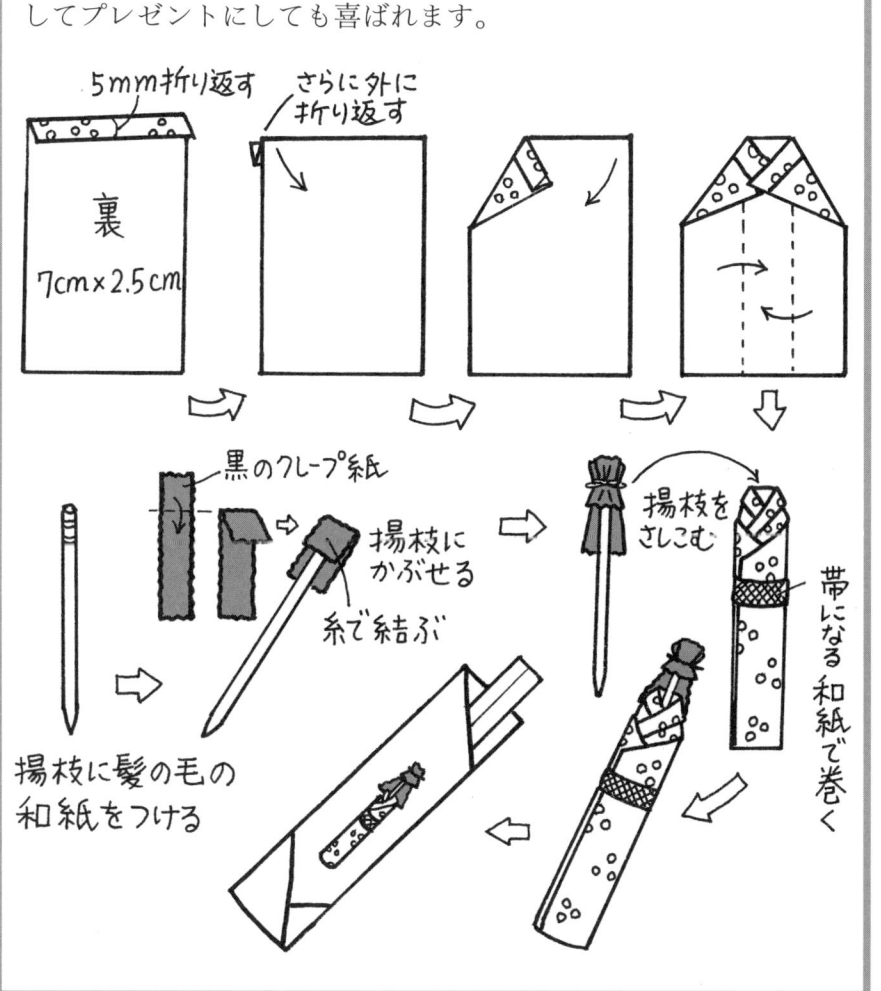

- 5mm折り返す
- 裏 7cm×2.5cm
- さらに外に折り返す
- 黒のクレープ紙
- 楊枝にかぶせる
- 糸で結ぶ
- 楊枝に髪の毛の和紙をつける
- 楊枝をさしこむ
- 帯になる和紙で巻く

17 色紙で折るフレーム

折って作るフレームです。色画用紙などしっかりした紙で折って，絵や写真を入れるとステキなプレゼントになります。折れたら，厚紙の台紙をあて，リボンをつけましょう。

○**人数**／何人でも
◇**準備**／正方形の紙，または色紙

LET'S TRY

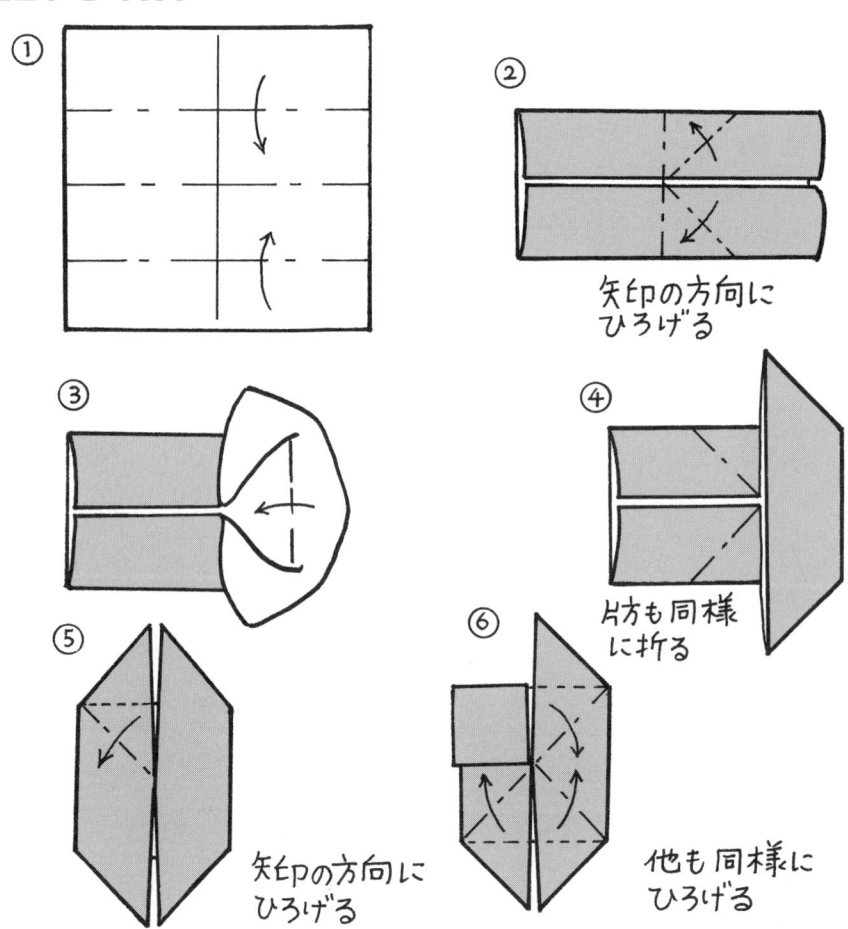

①

② 矢印の方向にひろげる

③

④ 片方も同様に折る

⑤ 矢印の方向にひろげる

⑥ 他も同様にひろげる

手・指を使って楽しむ

⑦ ⑧ ⑨

内側に折り込む

⑩ ⑪

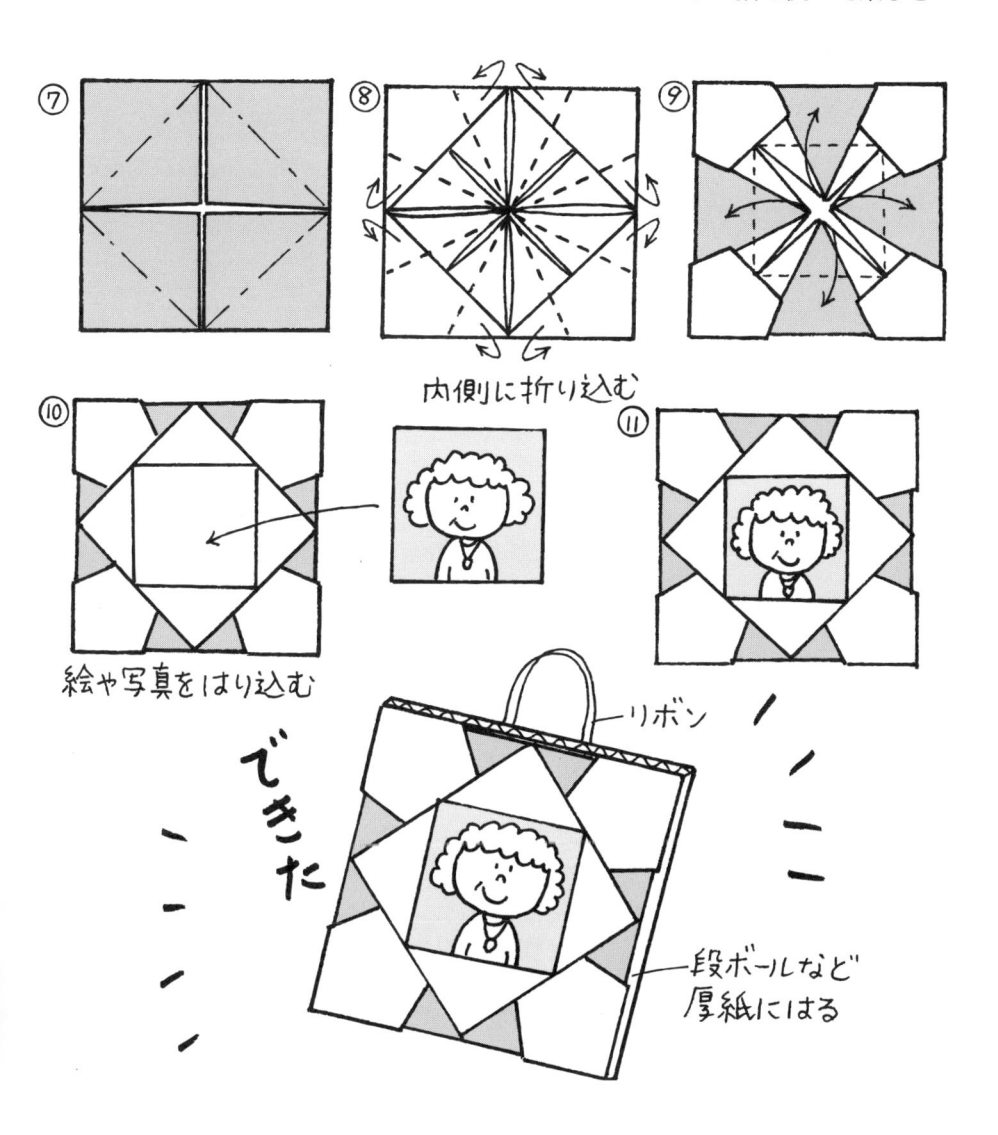

絵や写真をはり込む

できた

リボン

段ボールなど厚紙にはる

> **POINT**
> 折れるところまでやってもらい，できないところは手をかしてあげましょう。裏表の違う色紙を2枚重ねたり，また上質紙を使うと，雰囲気の違ったフレームができ上がります。

18 くす玉

複雑そうに見えますが，折り方を覚えると，そう難しくはありません。寝たきりのお年寄りと，毎日1つずつ折って，完成する喜びを経験させてあげるのもよいでしょう。また，みんなで1つずつ折り，持ち寄って1つのくす玉を完成させるのもグッド。

○**人数**／何人でも

◇**準備**／正方形の紙，または色紙や和紙

LET'S TRY

※ p.36の「色紙で折るフレーム」の折り方手順⑤の状態から始めます。

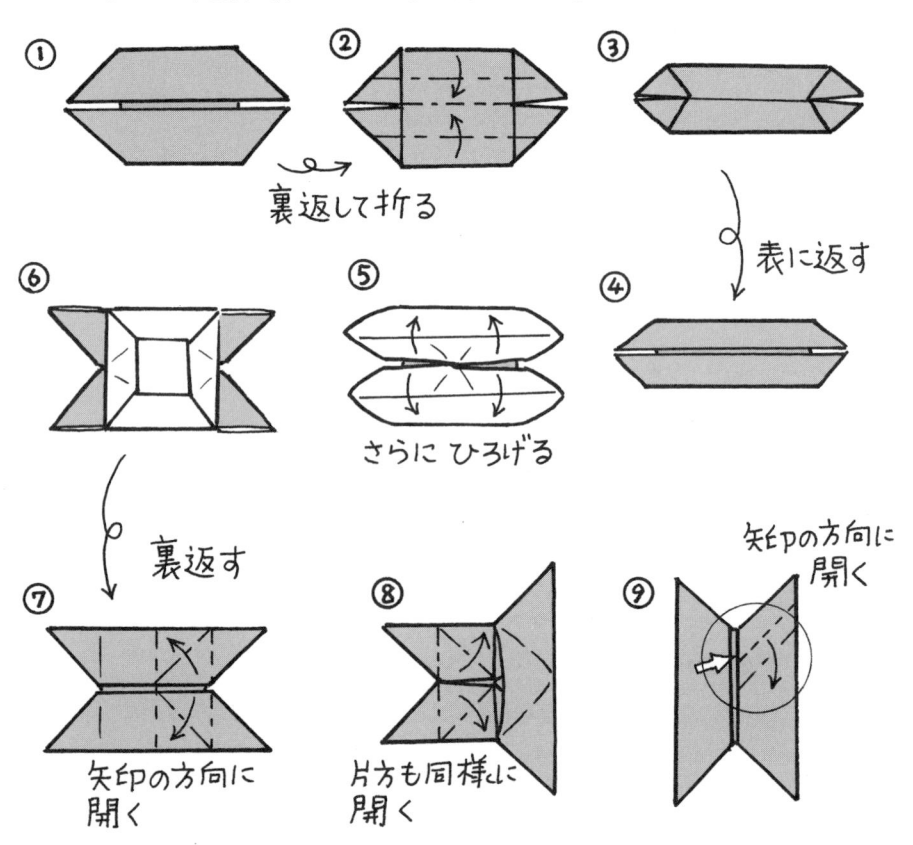

①

② 裏返して折る

③

表に返す

④

⑤ さらに ひろげる

⑥

裏返す

⑦ 矢印の方向に開く

⑧ 片方も同様に開く

⑨ 矢印の方向に開く

手・指を使って楽しむ

⑩

⑪ 4か所 同じ ように開ける

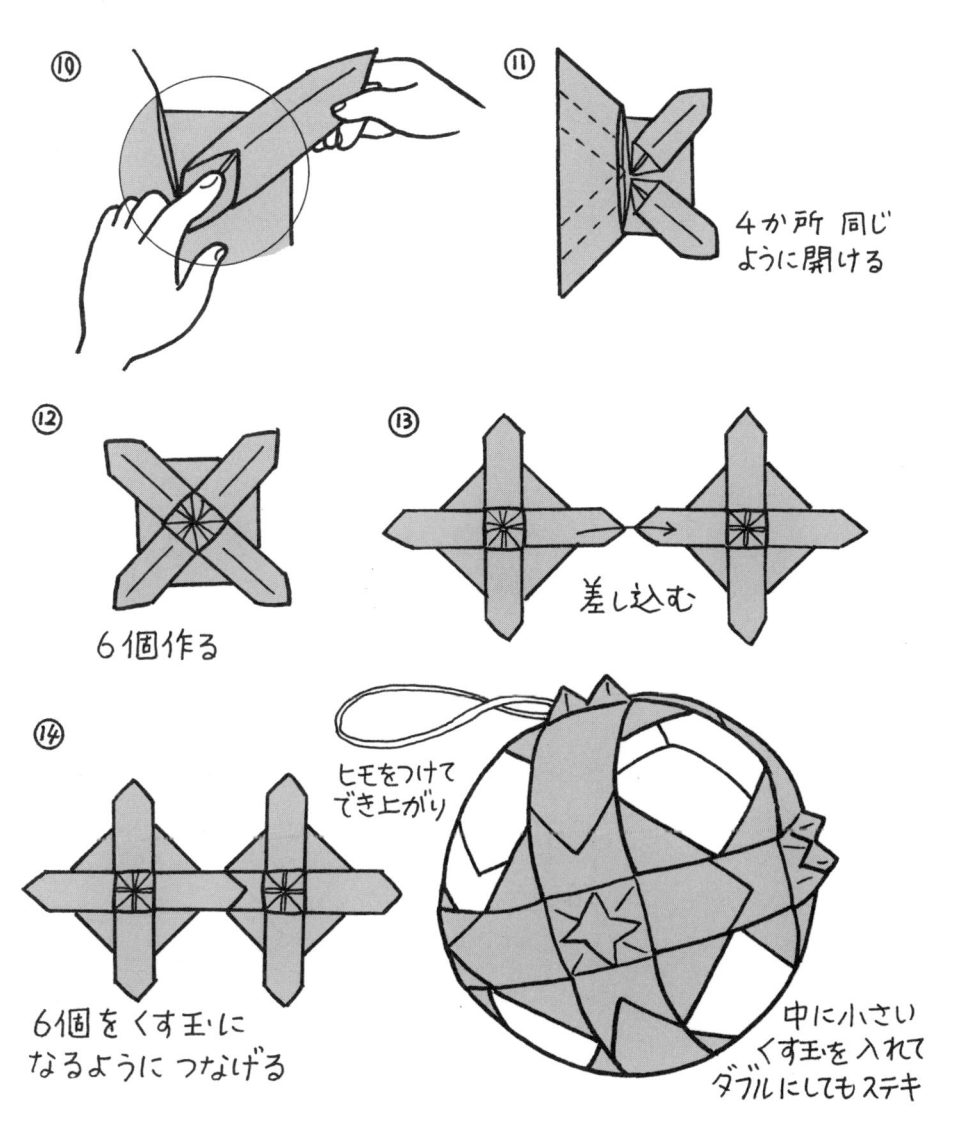

⑫ 6個作る

⑬ 差し込む

⑭ 6個をくす玉に なるように つなげる

ヒモをつけて でき上がり

中に小さい くす玉を入れて ダブルにしてもステキ

POINT

1つ1つを正確に折らないと，くす玉の形に完成しません。お年寄りが折ったものを，ちょっとチェックしてあげるとよいでしょう。だんだんとくす玉が完成していく楽しみを，言葉がけで盛り上げましょう。

19 紋切り

昔からある対称形の家紋を作るための技法です。折ることによって，複雑な形が簡単にできます。折る，切る，で手先を動かします。色紙を切って，開く瞬間がとっても楽しみ。

○**人数**／何人でも
◇**準備**／色紙または包装紙を正方形に切ったもの　ハサミ

LET'S TRY

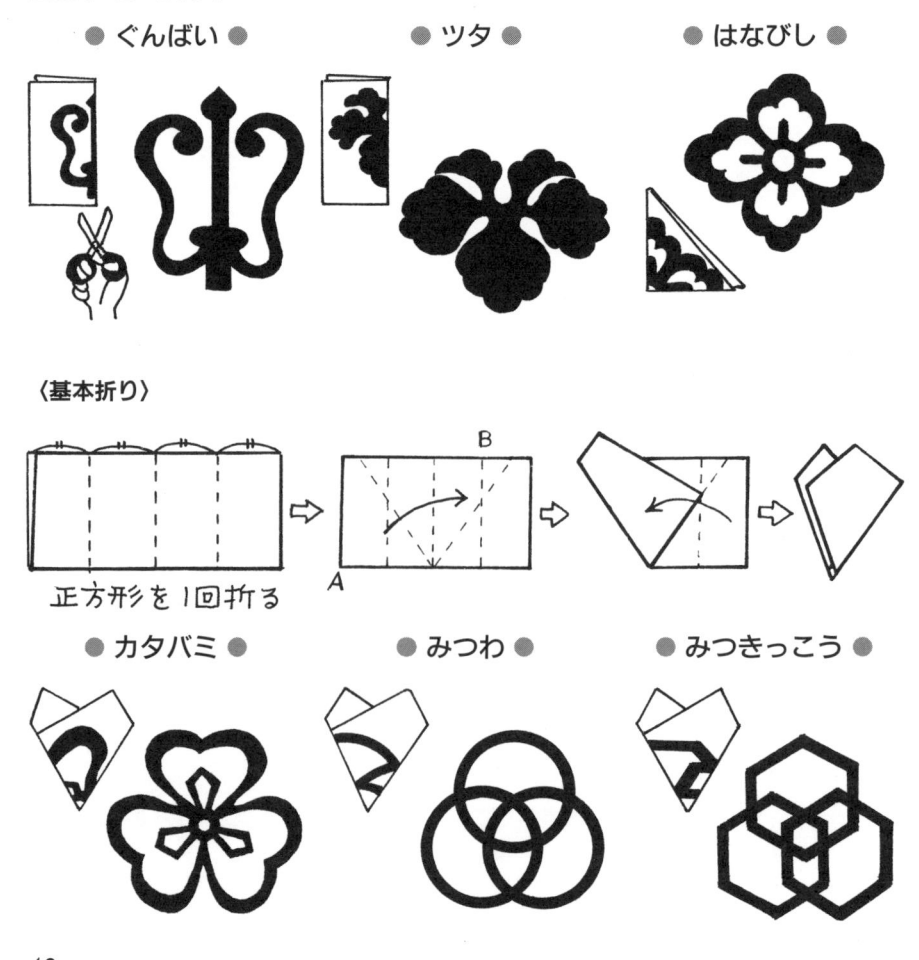

● ぐんばい ●　　　● ツタ ●　　　● はなびし ●

〈基本折り〉

正方形を１回折る

● カタバミ ●　　　● みつわ ●　　　● みつきっこう ●

40

手・指を使って楽しむ

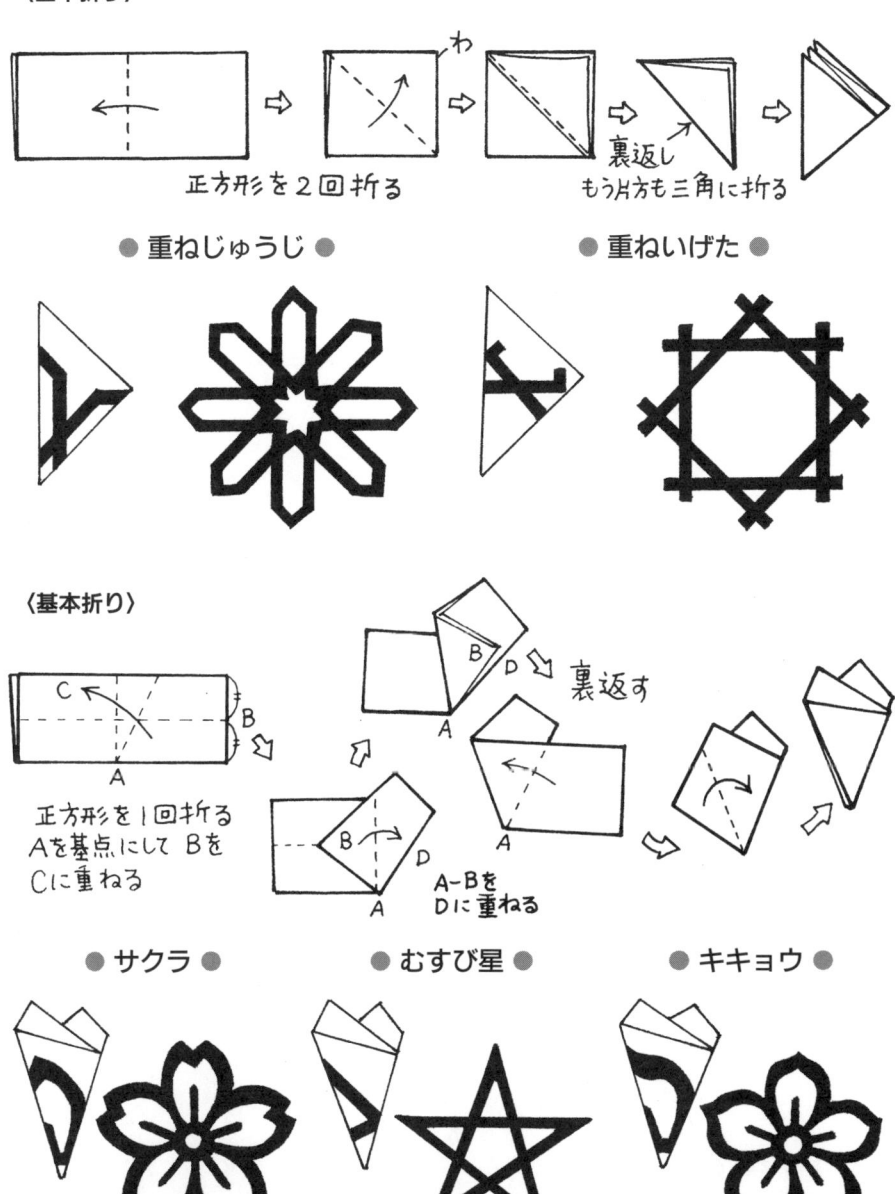

〈基本折り〉

正方形を2回折る　　　裏返し
　　　　　　　　　　もう片方も三角に折る

● 重ねじゅうじ ●　　　● 重ねいげた ●

〈基本折り〉

正方形を1回折る
Aを基点にしてBを
Cに重ねる

裏返す

A-BをDに重ねる

● サクラ ●　　　● むすび星 ●　　　● キキョウ ●

〈基本折り〉

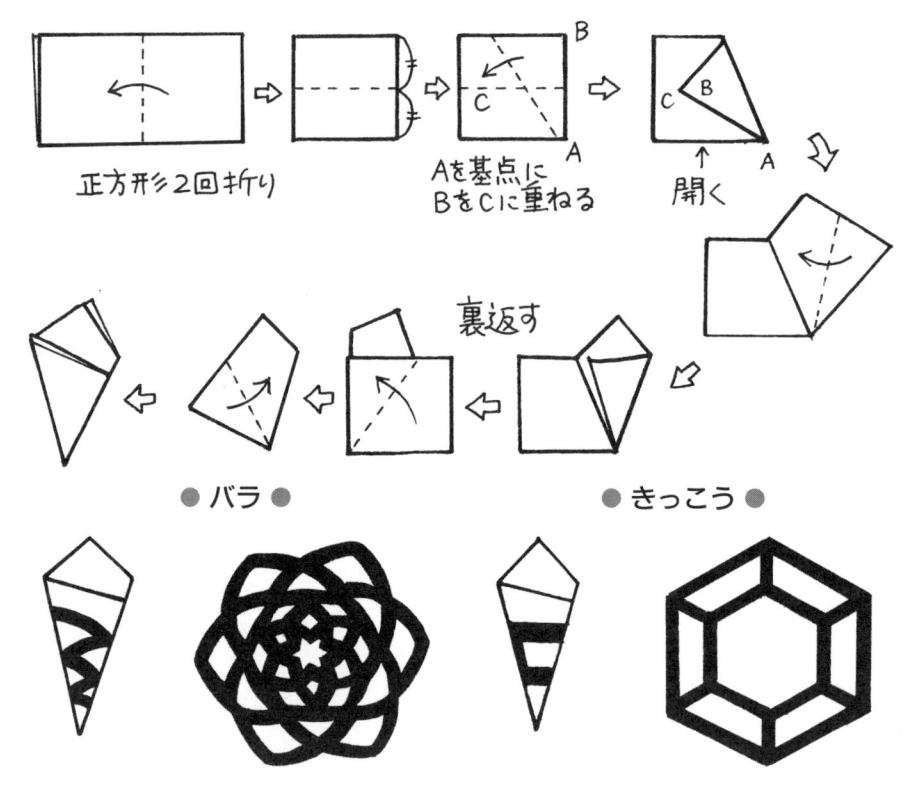

正方形2回折り　　Aを基点に　　開く
　　　　　　　　BをCに重ねる

裏返す

● バラ ●　　　　　　　　　● きっこう ●

●こんなふうに利用して

壁面やガラス窓にはって装飾に。和紙などでくるんだ箱に紋切りをはって，美しいたまて箱や厚紙にはってコースターに。

◆**バリエーション**／薄い色の色紙を折って，好きなように切り込みを入れて広げます。手製のレースペーパーができ上がります。

POINT

ハサミを持つ手より，紙を持つ手を動かしていくのが上手に切れるコツ。

20　グルグルかこう

　かく楽しさを，絵心がなくても経験できるあそびです。とにかく勝手気ままに筆を持ち，手を動かしたら作品ができた，という自己表現あそびです。

○**人数**／何人でも
◇**準備**／新聞紙　画用紙，または厚手の上質紙（Ａ３くらい）　絵筆　黒の絵の具　クレヨン　※エプロンなど，汚れてもよいようなスタイルで。

LET'S TRY

①筆で好きなようにかいてみよう。はじめは新聞紙の上に，黒の絵の具を筆につけ，グルグルと好きなように好きなだけかきます。

②画用紙の上にかいてみよう。同じようにグルグルとかきますが，「ストップ」という指導者の合図があったらやめます。画用紙が真っ黒にならない程度に，ストップの声をかけます。

③カラフルにぬろう。絵の具でかいたものを乾かしてから，１つずつ白い空間にクレヨンやマジックで色をぬります。絵の具をぬって，日を改めて色ぬりをしてもよいです。

ステンドグラスみたいにステキな作品ができ上がります

作品はこんなふうに使っても

箱を折ったり本のカバーにしてもグッド

POINT
緊張せずにできるだけ大胆に手が動かせるように，「大きくグルグルかいて。そうそう，いいわよー」などと言葉をかけましょう。

21 六角返し

昔からある六角形の不思議なかわり絵です。3パターンの絵や模様をかいてパタパタと開いて楽しみます。指先を使い，ちょっと頭の刺激にもなる折り紙。お孫さんへのプレゼントにも最適。

○ **人数**／何人でも
◆ **準備**／画用紙くらいの厚さの帯状の紙(5×35cm)　のり　マジック

LET'S TRY

①画用紙をたて5cmの幅に切る。②画用紙の両サイドを切り取る。横はたての約7倍が必要。

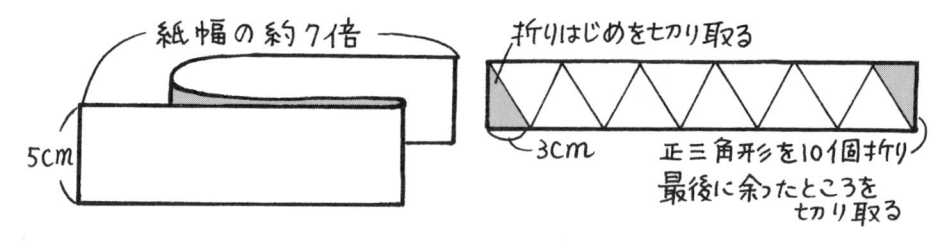

③正三角形になるように，蛇腹に折っていく。　④三角形を折る。裏返してまた三角形を折る。これをくり返す。

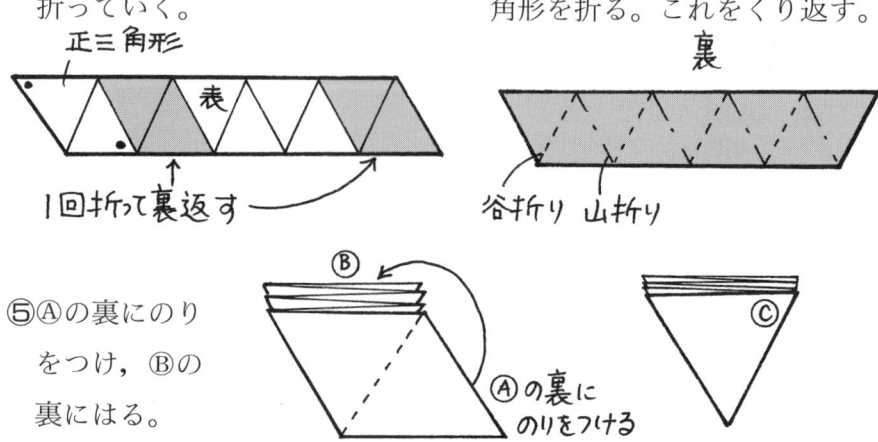

⑤Ⓐの裏にのりをつけ，Ⓑの裏にはる。

手・指を使って楽しむ

⑥ⓒを中心に開く。

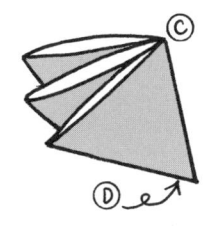

ⓒを持って
ⓓに指を
入れ開く

⑦六角形に開く。（1面）

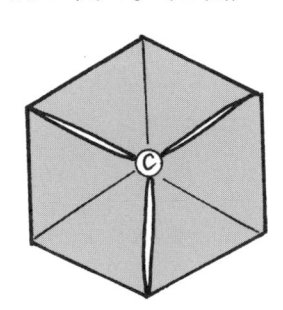

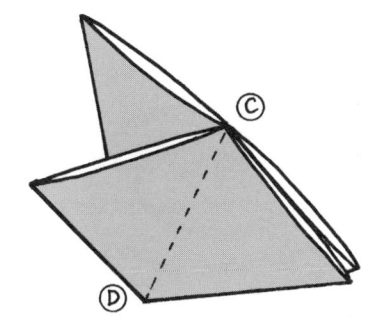

⑧ⓒⓓ両方に開ける。

⑨新しい面を開きながら形や模様など3面にかいてでき上がり。

POINT
正五角形にするには，三角に折っていくのを正確にきちんと折ります。

22 リンゴの皮むき

ハサミを使う製作です。リンゴの形を線のとおりに切ると，むいた皮のようになり，窓辺や天井につるすと，風に揺られクルクル回ってきれいです。

○**人数**／何人でも
◇**準備**／赤の色画用紙（リンゴの形に切ったもの）　ハサミ　ひも　セロハンテープ

LET'S TRY

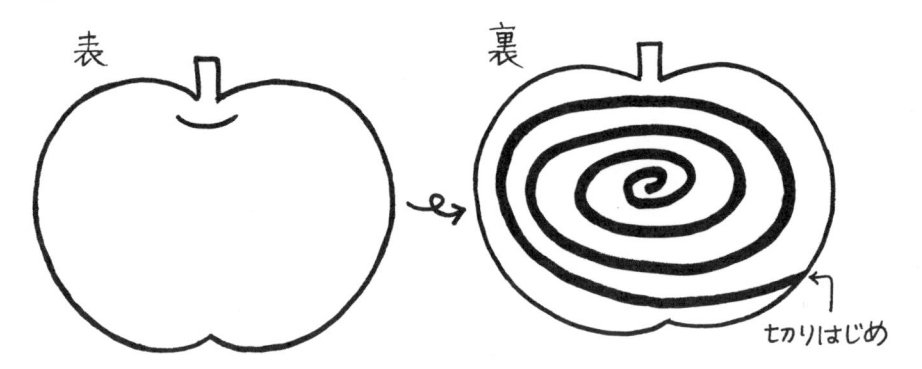

表　　　　　裏

きりはじめ

① 線のとおりに切ろう。

裏の線のとおりを見て，スタートのところからハサミを入れ，「リンゴの皮むき」をします。

② ひもをつけよう。

中心にセロハンテープでひもをつけ，ぶら下げます。

ひも

きったあとのリンゴは窓辺につるすと風に揺れてきれい！

手・指を使って楽しむ

◯皮むきコンテストをしよう

裏に線がない「リンゴ」を用意し,「よーいどん」の合図で切り始めます。細く長く,速く続けて切ります。「ストップ」の合図で,誰の皮が一番長くつながっているかくらべましょう。

> **POINT**
> 白の画用紙をリンゴの形に切り,クレヨンで色をぬってもよいでしょう。ハサミを持つ手を動かすのではなく,紙を持つ手を動かして最後まで続けて切っていきます。

23 にじみ絵

和紙に水性フェルトペンで模様をかいて水をつけるだけの簡単なにじみ絵です。

○**人数**／何人でも
◇**準備**／和紙（半紙や障子紙）　水性フェルトペン　水　筆

LET'S TRY

①水性フェルトペンでかこう。

和紙にポツポツ，ジャージャー，グルグルなどと言いながら，好きなように水性フェルトペンで模様をかきます。

②水をつけよう。

水のつけ方によって違う雰囲気の作品になります。それぞれ両方やってみるとよいでしょう。

・筆に水をつけ，軽く振る感じで和紙に水をつけます。

・和紙を折り畳んで，角をほんの少し水に浸し，そっと開く，をくり返す。

●**でき上がった作品はこんなふうに加工して**…牛乳パックにはったり，厚紙にはって切り抜いて写真のフレームにしたり，折り紙にしたり，

手・指を使って楽しむ

袋にしてお菓子やプレゼントを入れて贈り物用にしましょう。

★ にじみ絵でカラフルな葉っぱを作ろう ★

障子紙や画用紙に水性フェルトペンで模様をかき，その上から霧吹きで水を吹きかけます。
乾燥させ，葉の形に切り抜き，カラフルな紅葉した葉ができ上がり。秋の壁面かざりにピッタリです。

葉脈を折る

折り紙のカキ　小包用のハトロン紙をねじって木にする

11月のお誕生者
吉田 三郎さん
小野 小春さん

POINT

いろいろな色を使ってカラフルに。太字，細字の水性ペンや水彩色鉛筆など，いろんなものを使うほうが，きれいで変化に富んだ作品ができ上がります。

24 つなぎ飾り

みんなで作ったものを集め，窓辺や天井を飾ります。1つずつは単調な作業ですが，集まると美しい飾りにでき上がるので，作るはりあいがあるでしょう。

○**人数**／何人でも
◇**準備**／色紙　のり　ハサミ

LET'S TRY

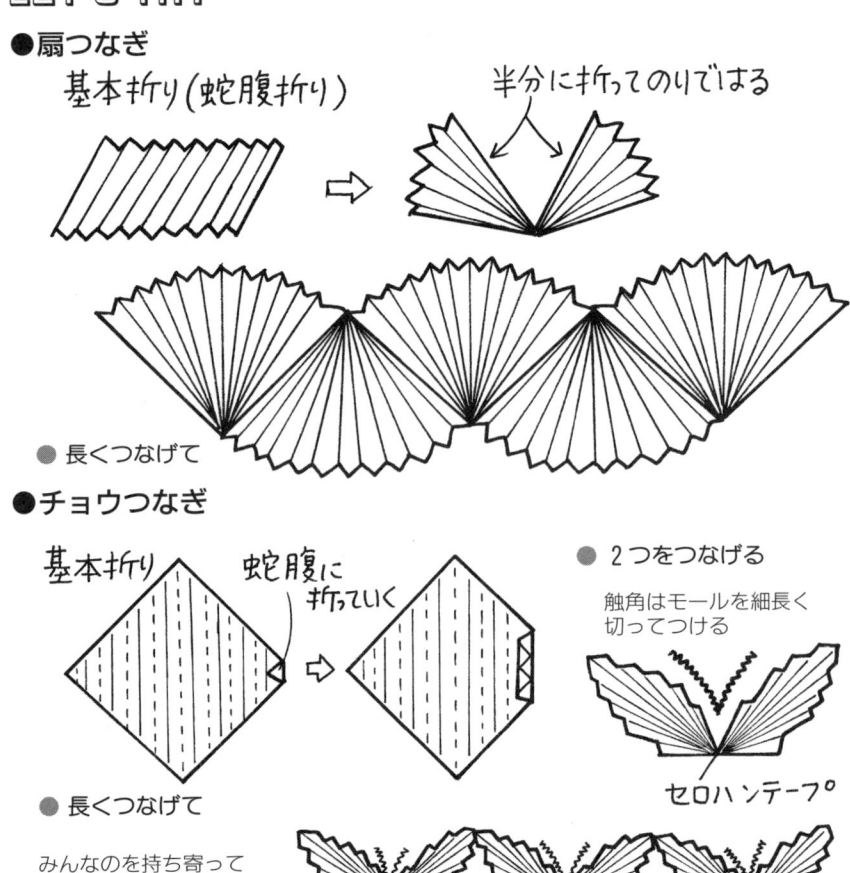

● 扇つなぎ

基本折り(蛇腹折り)　⇒　半分に折ってのりではる

● 長くつなげて

● チョウつなぎ

基本折り　蛇腹に折っていく

● 2つをつなげる
触角はモールを細長く切ってつける
セロハンテープ

● 長くつなげて

みんなのを持ち寄って壁面飾りに

手・指を使って楽しむ

- 大小4つをつなげて アゲハチョウに！
- チューリップと1組で 壁面飾りに！

3cmくらい小さい色紙で折る

> **POINT**
> 扇とチョウの蛇腹折りは1回ずつ裏に返しながら、「アイロンをしっかりかけてね」と折り線をつけるよう言葉かけします。

● 網つなぎ

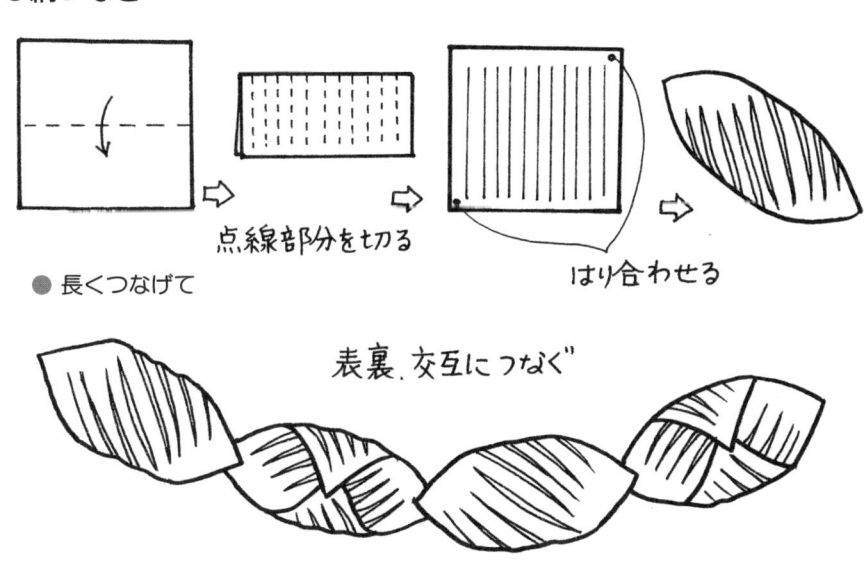

点線部分を切る　　はり合わせる

● 長くつなげて

表裏、交互につなぐ

> **POINT**
> ハサミで最後まで切ってしまわないように注意。

25 ポンポンを作ろう

感触のやさしい毛糸のポンポン作り。グルグルと毛糸を巻く作業は手首をよく動かし，関節を柔軟にしてくれます。それだけでも結構楽しめますが，かわいいプレゼント用に加工すると，いっそう意欲がわきますね。

● 人数／何人でも

◆ 準備／毛糸　牛乳パックや段ボール（ポンポンを巻く板）※　モール　フェルト　木工用接着剤

※ポンポンを巻く板は，ポンポンの大きさに合わせて作ります。

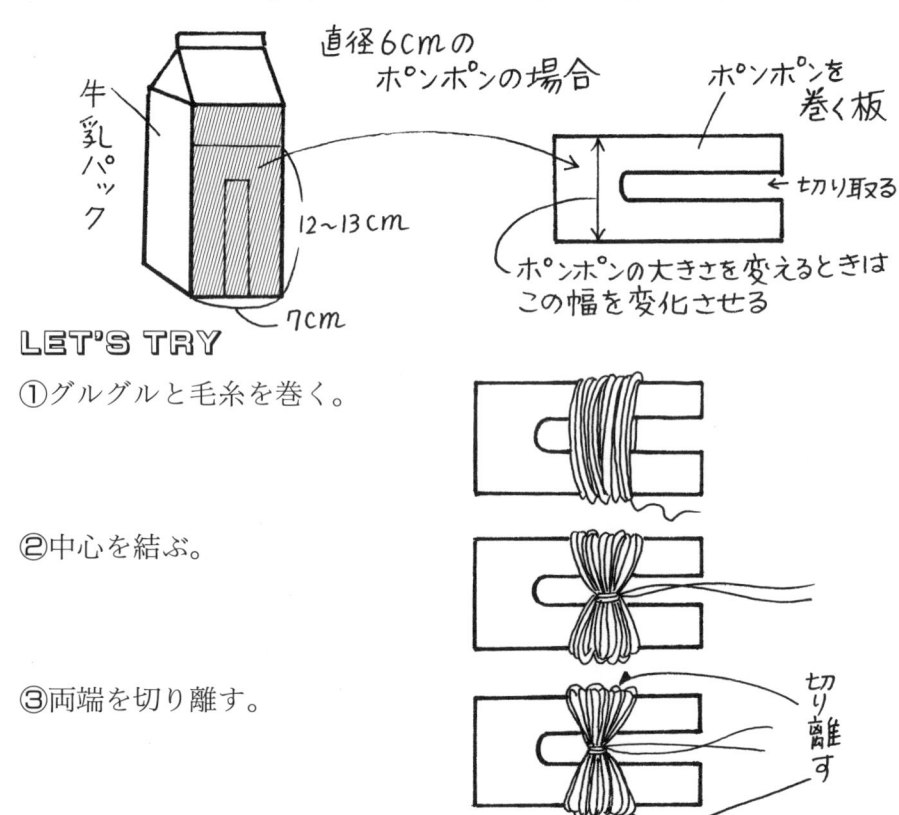

牛乳パック
直径6cmのポンポンの場合
12～13cm
7cm
ポンポンを巻く板
切り取る
ポンポンの大きさを変えるときはこの幅を変化させる

LET'S TRY

① グルグルと毛糸を巻く。

② 中心を結ぶ。

③ 両端を切り離す。

切り離す

手・指を使って楽しむ

④板から外し，丸くなるように切って形を整える。

結ぶ

★ こんなふうにポンポンを加工して ★

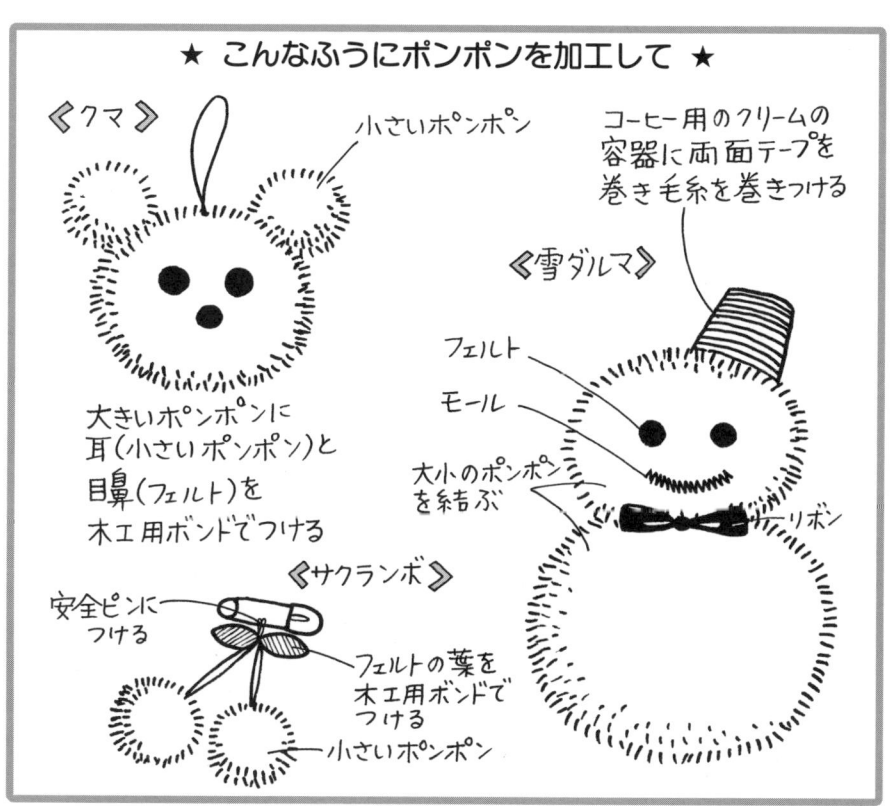

《クマ》
小さいポンポン
コーヒー用のクリームの容器に両面テープを巻き毛糸を巻きつける

《雪ダルマ》

大きいポンポンに耳（小さいポンポン）と目鼻（フェルト）を木工用ボンドでつける

フェルト
モール
大小のポンポンを結ぶ
リボン

《サクランボ》
安全ピンにつける
フェルトの葉を木工用ボンドでつける
小さいポンポン

POINT

指導者はグルグル巻くところだけやってあとは手伝うとか，できるだけお年寄りが自分の手を使って作るようにしましょう。巻く板を持つ手を，ときどき左右交代して両方の手が動くように配慮して。

26 絵かき歌

勝手にメロディーをつけてあそびます。たいてい1〜2つくらいは知っているものがあるので，ゲームであそんでみても楽しいです。動けないお年寄りには，介護者が歌いながらかいて見せてあげるのも喜ばれるでしょう。

◯**人数**／何人でも
◆**準備**／紙　鉛筆やマジックなど

LET'S TRY

つる三八まるまるムシ

  1　つ
  2　る
  3　さんは（三八）
  4　まるまる（○○）
  5　む（ム）
  6　し

おかみさん

  1　大きなタマゴに
  2，3　まるかいて，ちょん（左右2つ）
  4　よこよこ
  5　たてたて
  6　まるかいてちょん
  7　毛が3本
  8　毛が3本
  9　頭の上にも毛が3本
  10　グルグル散歩のおかみさん

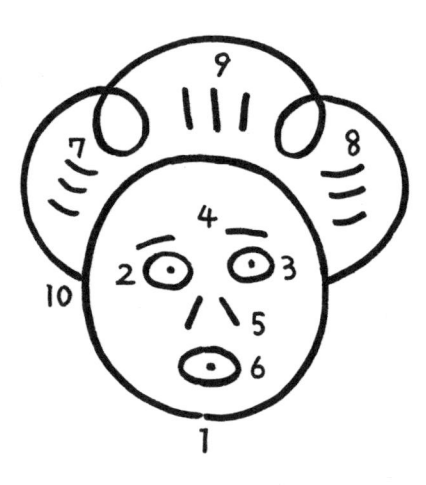

たこにゅうどう

1. みみずがさんびきはってきて
2. あさめし，ひるめし，ばんのめし
3. あめがザーザーふってきて
4. あられもポチポチふりだした
5. おっとどっこい，たこにゅうどう

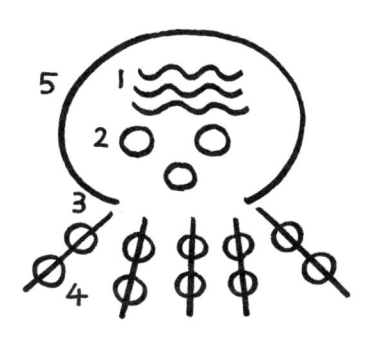

やかん

1. まるちゃんが
2. ぼうでぶたれて
3. こぶだして
4. おくちをとんがらかして
5. やかんです

あひる

1. にいちゃんが
2. まめたべて
3. おくちがながーい
4. あひるさん

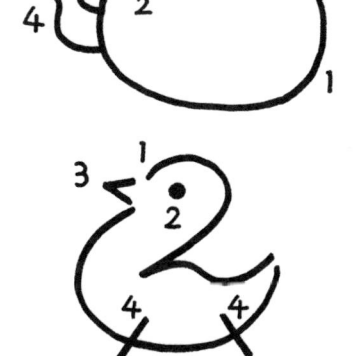

ひのまる

1. いっちゃんが
2. あんぱんたべて
3. あめたべて
4. あっというまにひのまる

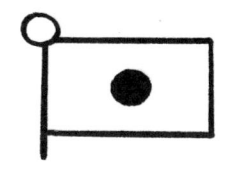

◯「かけるかなゲーム」をしよう

いくつか自分でかけるようになったらゲームをしましょう。
全員，紙と鉛筆を持ちます。指導者が出題し，「ヨーイスタート」ではじめ，「ストップ」でやめます。全員かいた絵を見せ合います。多くかけた人が勝ち。何回かやって勝ち抜き戦にしてもよいでしょう。

> **POINT**
> ゆっくりと歌いながら，何回も同じ絵をかいて覚えます。手が思うように動かない人には，手を添えて，一緒にかいて楽しんでください。

◆バリエーション／じゃんけん絵かき歌。あらかじめ筆順を決めた絵を，じゃんけんで勝ったほうが1筆ずつかいていくゲーム。早くかき終わったほうが勝ち。

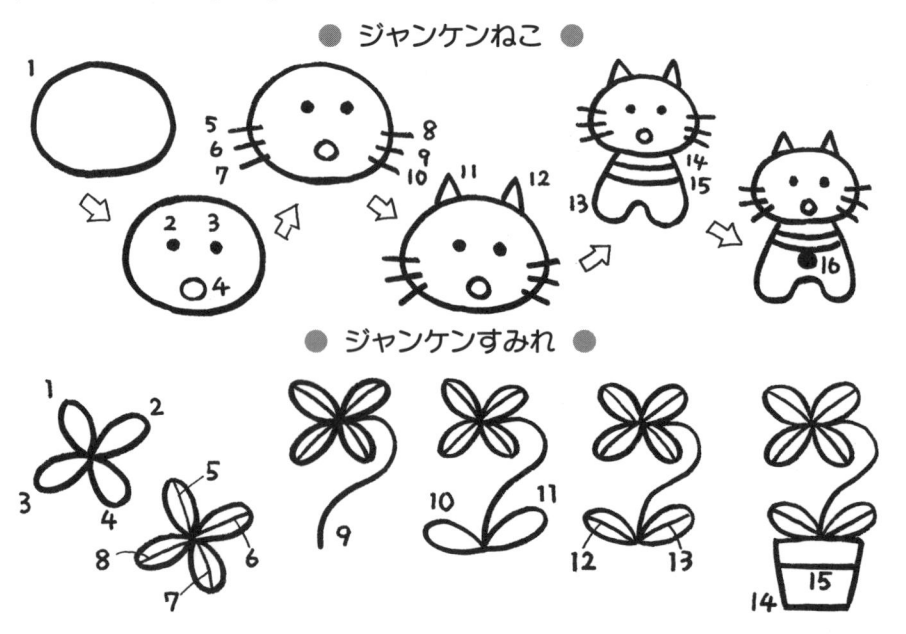

● ジャンケンねこ ●

● ジャンケンすみれ ●

あそびの合間に簡単ストレッチ

ゲームの前後に簡単ストレッチをして，筋肉を伸ばして関節の動きをよくしてあげましょう。

LET'S TRY

1つひとつの動作をやったあと，「王将」や「黒田節」などゆっくりしたメロディーに合わせて動かしてもよいでしょう。隣の人とは手を伸ばすとひざにとどくくらいの距離をあけて座ります。

〈上半身のストレッチ〉

① 手首をつかんでギューッと前に出す。
　片手で片手首をつかんで，そのまま前に出します。左右にゆっくり動かします。できる人は最後にそのまま上へ持ち上げましょう。

② 両手を組んで前に出す。
　手指を開き，両手指を交差して，そのままはなさないように手のひらを裏返し，前に出す。左右にゆっくり動かして。①同様に，ギュッとゆっくり上へ持ち上げます。

③ 肩・首をグルグル。
・ゆっくり左右の肩を上へ持ち上げます。
・グルグル，左右の肩を回します。
・首を曲げます。頭を右手で軽く下へ押さえ，右に倒します。左も左手で同様に。
・首を回します。顔を左右に回し，真ん中に持っていき，顔を下から上へ上げます。

④ 腰をグイとひねろう。
　両手をまっすぐにグーンと横に伸ばして，隣の人のひざにさわりましょう。左右ゆっくり。

⑤ 背中を丸めて。
　いすに座り，両手でいすの端をつかみ，頭を前に倒しておへそを見ながら，背中が弓なりになるように上体を丸めていきます。背中のストレッチです。

〈下半身のストレッチ〉
⑥足首を動かそう。
　片足を上げてひざを伸ばし，爪先を前に伸ばしたりひっこめたりして足首を動かします。そのまま足首をグルグル，回しましょう。
⑦足ふみ。
　ひざを高くあげ，足ふみトントンを 10～20 回します。
⑧足の裏マッサージ。
　足の指に一つひとつ手の指を入れて，指が開くように。足の裏をよーくマッサージ。体を支えるために足の面積を広くしてあげましょう。

POINT
動きは各自に合わせ，無理をしないで痛いと思ったところでやめるようにします。すぐに元の姿勢に戻さず，1 つの動作を 20 秒間くらい保ち，筋肉をジワジワと伸ばすことが大切。

〈腹式呼吸でリラックス〉
腹式呼吸は胸式呼吸の 3～5 倍の酸素を取り入れることができ，イライラしたり疲れているときにすると心が落ち着き，全身の血の巡りがよくなります。

LET'S TRY
①ゆっくり口をすぼめ息を吐き，おへそがおなかにくっつくような感じで吐く。
②おなかをゆるめ，鼻から息を吸いながらおなかを十分にふくらます。
③おなかに息が入ったら，1・2 秒止めて，またゆっくり糸のように口から細く細く吐く。

POINT
吸う息より吐く息を 4～5 倍長くし，おなかの息を吐ききってから，吸う，をします。

ゲームで楽しむ

ねらいは…
体を移動させなくてもできる簡単なゲームです。ゲームは競ったり時間の制限があったりすると，思わず集中して普段あまり動かない人も，楽しく体を動かしてしまうという利点があります。言葉をかけて，雰囲気を盛り上げてあそんでください。また，上半身を動かすゲームは，関節や筋肉を座りながらも刺激できるように意識しましょう。

いすに座るときの姿勢は，背すじはまっすぐに，足はダラリと投げ出すことなく，ひざを直角にして座るようにします。また片マヒの人は，できるだけ装具をはずしていすに座って動くとよいでしょう。

27 顔あそび

歳をとるとだんだんと会話や表情も乏しくなって，顔の筋肉も固くなります。ときには表情豊かにあそんで，顔の筋肉を柔軟にしたいですね。互いの顔が見えるように向かい合うと，親近感も一段とアップするでしょう。

○**人数**／2人から
◇**準備**／特になし

LET'S TRY

① 「あがりめ　さがりめ」

まずは顔の体操だと思ってやってみましょう。歌に合わせ，目の表情を楽しみます。自分でやるより，人のやっているのを見ていると愉快。「パンダの目」「サルの目」「おばけの目」「片目ウインク」などもやってみましょう。

② 「にらめっこ」

1対1でも，2チームに分かれてもOK。歌ってにらめっこをします。
歯を見せずにおかしな表情をし，相手を笑わせたほうが勝ち。歯を見せたら負け。
♪だるまさん　だるまさん　にらめっこしましょ　わらったらまけよ　あっぷっぷ

③「顔じゃんけん」

手を使わず顔の表情でじゃんけん。

グーは頬をふくらまして，チョキは舌を出して，パーは大きく口をあけて。5回勝負など決め，勝ち抜き戦にしても。

グー　　　　チョキ　　　　パー

◆バリエーション／顔あそびの中に舌の運動を取り入れましょう。舌がよく動くことで，食べ物の通過もスムーズになります。

「舌ベロベロ」「ベロベロで歌おう」（口をあけて，舌を動かして歌う）「舌の長さのくらべっこ」「舌ののり巻き」など。

POINT
・顔の表情は，はっきりと相手にわかるような表情で勝負します。
・「○さんと△さん，はいよく見合って，勝負!」と元気に声をかけ，雰囲気を盛り上げましょう。

28 じゃんけんおはじきとり

1対1でじゃんけんをして、勝ったほうが決められた数のおはじきをとるゲームです。慣れたらテンポよくじゃんけんをして素早くおはじきをとるようにします。

◯**人数**／2人

◇**準備**／おはじき、または花豆のような平たい豆

LET'S TRY

① 2人で向かい合い、それぞれ前におはじきをおきます。じゃんけんをして勝ったら、パーは3個、グーは1個、チョキは2個のおはじきをもらいます。

② どちらかのおはじきが何もなくなったら終わり。

POINT

ゆっくりでもいいので、ギュッと握ったり、しっかり指を伸ばしてじゃんけんをします。

◆**バリエーション**／「じゃんけんあけっこ」。大勢であそびます。それぞれ3個以内のおはじきを手に握り、「じゃんけんポン」で同時に前へ出し手のひらを開け、見せ合います。「あいこ」はじゃんけんのやりなおし。

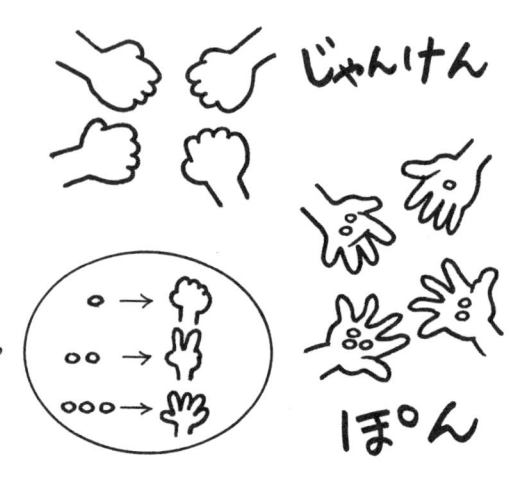

29 じゃんけんサイン

じゃんけんをして負けると自分の名前を仕方なくかかせられるゲームです。ときには楽しく，手先を使い，自分の名前をいっぱいかくのもよいのではないでしょうか。

◯**人数**／2〜5人くらい
◇**準備**／1人1本鉛筆やサインペン　1人1枚名前をかく紙
　　※大勢でするときは紙に自分の名前をかいておきます。

LET'S TRY

2人1組で向かい合って座ります。「じゃんけん」と言いながら互いに，腕を大きく振って「ポン」で出します。負けたら相手の紙に名前をかいてまたじゃんけん，をくり返します。

何回戦かやって，相手のサインを多くもらったほうが勝ち。勝ち抜き戦にしてもよいでしょう。

POINT
- サインはゆっくりていねいにかきます。
- 文字がかけない人は，サインのかわりに丸シールをはったり，名前カードをたくさん用意しておいてもよいでしょう。

30 らかんさん

「よいやさ」のかけ声に合わせてリーダーの動作を次々とまねしていきます。自分の番になって、「よいやさ!」と力を入れて動作をするのがおもしろいゲームです。

◯**人数**／10〜20人くらい
◆**準備**／特になし

LET'S TRY
円形になって座り，はじめ指導者がリーダーになってスタートします。

①全員で歌い，「よいやさのよいやさ!」を何回も歌いながらリーダーの動作を右隣の人から次々にまねをしていきます。

♣必ず，右隣の人の動作をまねするようにします。

ゲームで楽しむ

②1周回ったらリーダーは違う動作を右隣の人へ伝えていきます。

よいやさ
よいやさの

・ゲームの終了は，リーダーの動作がもう出なくなったときか，誰かが間違えたとき。リーダーをチェンジして，♪らかんさんが〜と歌ってはじめからくり返します。

> **POINT**
> あらかじめ単純で「よいやさ」のかけ声に合うような力強い動作を10通りくらい用意しておきましょう。「よいやさのよいやさ！」は大きな声で，動作は力強く。

らかんさん

わらべうた

らかんさんが そろたら まわそうじゃな いか　よいやさのよいやさ

31 はい1，2

自分の番号を覚えていないと，いつ指名されるかわからなかったり，ない数字を思わず言ってしまったり，同じ数字の人ばかりが指名されたり，緊張感のあるドキドキゲームです。気さくな集まりでは輪になって，寝たきりの人は介護者と向かい合って，それぞれゲームを楽しめます。

◯**人数**／何人でも
◆**準備**／特になし（あれば数字をかいた紙）

LET'S TRY

輪になって座り，順番に番号を言っていきます。当たった番号が自分の数字で，何回か言ったり紙にかいたりして覚えておきます。

① 「1，2」を練習しよう。

「1」と右手から手を開き，親指を立ててグーで握り，「2」とすぐに左手も同様の動作をテンポよく，かけ声に合わせてやってみます。

②ゲーム開始。

自分の数字，違う人の数字の順で「1，2」「2，5」「5，2」……とテンポよく言います。誰かが間違えるまで続けます。

●寝たきりの人は…

介護者と2人でやってみます。互いの数字を言い合うだけですが，だんだん速くテンポよく言えるようになったら，数字をかえてまた同様にやってみます。手の動作はなくてもOK。

> **POINT**
> ・慣れるまで，はじめはゆっくりのテンポで間違えても止まらず続けましょう。
> ・同じ数字の人が続けて指名されるときは，「ほかにもこんな数字がありますよ」と注意を促します。

32 しゃんしゃんしゃん

昔のキツネ拳や庄屋拳と言われたジャンケンあそび。だんな，鉄砲，キツネの動作を覚えジャンケンをしますが，さて，どっちが勝ったのか？ みんなでワイワイ言いながら楽しんでください。

○**人数**／何人でも
◇**準備**／特になし

LET'S TRY

① 2人で向かい合って座り，動作とルールを覚えましょう。

だんな……グー。「エッヘン」と両手をひざの上におく。

鉄砲……チョキ。「ズドン」と両手をチョキにして前に突き出す。

キツネ……パー。「コンコン」と両手のひらを頭の左右に耳のようにつける。

ルールは，「だんなはキツネにだまされるので負け。キツネは鉄砲がこわいので負け。鉄砲打ちは庄屋のだんなに頭があがらないので負けとします」。

② さあ勝負。

♪しゃんしゃんしゃんよ　おしゃしゃんの〜
見ている人たちも一緒に拍手をします。
そのまま続け，「だんな」「鉄砲」「キツネ」のどれかの動作を素早くして勝負。

《だんな》 グー エッヘン

《鉄砲》 チョキ ズドン

《キツネ》 パー コンコン

ゲームで楽しむ

◯こんなふうにあそんで…
- 指導者と全員で勝負。
- 指導者と全員で勝負をして，4連勝して1拳とれた人は，指導者とチェンジ。
- 2人ずつ勝負。
- 2人で向かい合って，3連勝で1拳。審判を決め，勝ち抜き戦をします。
   ※グループ対抗でもOK。

しゃんしゃんしゃん

作詞・作曲／不明

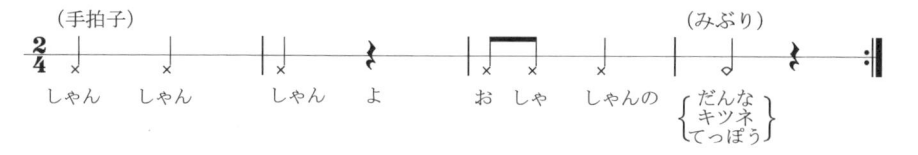

| POINT |
「エッヘン」「ズドン」「コンコン」は大きな声で元気よく声をかけて，動作をします。はじめ，指導者が1人ずつ指をさしながら，ゆっくり練習してみます。

33 お肩をトントントン

間違えないように数を数えながら自分の肩や人の肩をたたく，簡単なゲーム。数える，手を交互に動かすのは結構な運動です。ゲームが終わったあとは，肩がスッキリ？

●**人数**／何人でも
◆**準備**／特になし

LET'S TRY
手を伸ばすと後ろの人の肩がたたけるくらいの間隔で，輪になるか，1列になって座ります。たたくのは，左右の肩を8，4，2，1回ずつ。最後に「ポン」と拍手1回のパターン。

①自分の肩をたたこう。
　まずは「1～8，1～8，1～4，1～4……1，1，ポン」と，何回か言葉だけでリズムを覚えます。次に自分の肩をたたいてみましょう。
　だんだんと速く数えたり，またゆっくりと変化をつけましょう。

②肩たたき競争をしよう。
　誰が速く肩をたたけるか，競争をしてみます。
　「スタート」の合図で一斉にたたき，たたき終わった人は手をひざにおきます。はじめに全員で，次に2～3人で競争。速くてもしっかりたたかなければ失格です。

ゲームで楽しむ

③後ろの人の肩をたたこう。

　はじめ，1～8まで自分の肩をたたいたら，すぐに振り返って後ろか，または隣の人の肩を1～8までたたき，1～4まで自分の肩をたたく……，をくり返し，拍手まで。たたく手を左右交互に動かせるように指示をします。

※「肩たたき」の歌に合わせてたたいてもよいでしょう。

> **POINT**
> ・肩たたきは，続けて同じところばかりたたかないで，少しずつたたく位置をかえるように言葉をかけます。
> ・全員で大きな声を合わせて数え，「みんなでがんばろう」の雰囲気でやってみましょう。

34 ペアしりとり

　2人で考えながら楽しむ，しりとりのリレーです。わかるようで意外と答えがなかなか出てこなかったりします。
　寝たきりの人と介護者と，1対1でも楽しめます。

●**人数**／何人でも
◇**準備**／特になし

LET'S TRY

ルールは，基本は名詞，言葉の最後に「ん」がつかないことだけ。答えが見つからず悩んだ末，おもしろい動詞が出てきたりすることもありますが，ケースバイケースで考えましょう。同じ言葉が何度出てきてもOKにします。

①指導者対全員で。
　練習の意味で，指導者が答えて全員で言い合います。
・指導者対1人の勝負。

②ペアで答えよう。

　輪か2列に並んで座ります。2人ずつ組んで，全員順に答えていきます。慣れたら競争しましょう。

・2チームに分かれ交互にかけあいで，しりとりを続けます。
　わからないときはチーム全体で相談して，ストップしないようにします。
　ストップしたチームが負け。

・ペア対ペアの勝負。

> **POINT**
> 指導者は答えを「サル，ですって。ルがつく言葉ですよー」などと大きな声でリピートして，全員に聞こえるようにしてあげましょう。また，答えにつまったときにヒントを出したり，励ましたりして雰囲気を盛り上げましょう。

◆**バリエーション**／頭文字あそび。頭音が同じ言葉を次々に言っていきます。「あ」のつく言葉，「い」のつく言葉…。テンポよく答えます。答えにつまったら，頭文字をかえます。

35　1, 2, 3, 4, 元気, 若い

順番に大きな声で数字を言って，そのあと「元気，若い」の言葉が続くので，ついひっかかってしまうのがおもしろいゲームです。

◯**人数**／6人くらいから何人でも

◆**準備**／特になし

LET'S TRY

①順番に数字を言います。ただし，「1」「2」「3」「4」で，5人目は「元気」，6人目に「若い」の言葉を言って，7人目からまた「1」「2」……と始まります。こんな動作を。

元気……両手をひざにのせ，ニッコリ。

若い……力強くガッツポーズ。

②「反対！」のリーダーの合図で，後ろからスタート。「戻って！」で①のはじめから言います。

③数字と言葉を交互にして少し複雑に。「1」「元気」「2」「若い」「3」「元気」…と続きます。

※言葉は好きなように変えてOK。「ナンジャ」「モンジャ」など，意味不明な言葉もおもしろいです。

POINT
はじめ，指導者が1人ずつ指をさしながら，ゆっくり練習してみます。

ちょこっとあそび①

足であそぼう

手先のあそびなどと組み合わせて，下半身も動かしましょう。

LET'S TRY
輪になり，いすに座ってあそびます。

● **輪っかリレー** ●
フープの小さい輪を（ロープやホースで小さな輪を作る）両足首にかけ，片足へ輪をかけ，隣の人の足首に移します。次々に輪を移動させます。

● **ボールリレー** ●
ビーチボール，小さいボールなど，大きさの違うボールを両足にはさんで，隣の人へ移動させます。最後までいったら，ボールけりをしてもよいでしょう。

ちょこっとあそび②

見ざる・言わざる・聞かざる

指導者の動作につられないように、言葉をよく聞いて、自分で考えて手を動かします。

LET'S TRY
指導者は、「言わざる」と言いながら耳をふさいだり違った動作をします。指導者と同じ動作をした人はアウト。つられないように、正しい動作をします。
・はじめに動作をゆっくり練習してから、ゲームを始めましょう。

見ざる……両手で目をふさぐ。
言わざる……両手で口をふさぐ。
聞かざる……両手で耳をふさぐ。

歌って楽しむ

ねらいは……

歌は無意識のうちに腹式呼吸になっていて肺機能を促進させてくれます。そして何よりも歌っているうちに，いやなことを忘れ明るい気分になるのが一番のねらいです。ほかの人と声を合わせて歌うことで，自分以外の人と楽しさを共感でき，さびしい気持ちも解消されますね。

お年寄りには馴染みがない歌が多いかもしれませんが，簡単なリズムのものばかりですからすぐに覚えられます。

- 歌詞を大きくかいたコピーを配ったり，前にはったりしましょう。
- 歌う前に歌詞の意味を話し，指導者が歌って聞かせるなどすると，歌が身近になって覚えやすいでしょう。
- 視力低下の人でも眼鏡をかけていない人，難聴の人などの席の配慮をしましょう。

36 一年中のうた

簡単な歌詞の中に，1年間の季節の特徴を歌ったもの。歌いながら季節の景色を思い浮かべることができます。

○**人数**／何人でも
◆**準備**／歌詞をコピーしたものを人数分

LET'S TRY

♪1番
　おめでとう　いちがつ　つもるゆき　にがつ　ひなまつり　さんがつ

♪2番
　さくらさく　しがつ　こいのぼり　ごがつ　あめがふる　ろくがつ

♪3番
　あつくなる　しちがつ　なつやすみ　はちがつ　むしのこえ　くがつ

♪4番
　あおいそら　じゅうがつ　きくのはな　じゅういちがつ　クリスマス　じゅうにがつ

○**こんなふうに歌って**…3つのグループ，または3人で順に2小節ずつ追いかけて歌い，追っかけ歌を楽しみましょう。

歌って楽しむ

♪ おめでとう いちがつ　　♪ つもるゆき にがつ　　♪ ひなまつり さんがつ

POINT
疲れたら途中で一休みして、「さあ、12月までがんばりましょう」と励まして続けます。

一年中のうた

訳詞／岡本敏明　アメリカ民謡

I
1. おめでとう いちがつ　　つもるゆき
2. さくらさく しがつ　　こいのぼり
3. あつくなる しちがつ　　なつやすみ
4. あおいそら じゅうがつ　　きくのはな

II

III
にーがつ　　ひなまつり さんがつ
ごーがつ　　あめがふる ろくがつ
はちがつ　　むしのこえ くーがつ
じゅういちがつ　クリスマス じゅうにがつ

37 HAI！HAI！HAI！

　　　　いつでもどこでも歌えて，元気が出る歌。歌詞がわからなくても，メロディーがなくてもみんな一緒に大きな声で「ハイハイハイ」と歌うだけでも楽しい。

●**人数**／何人でも
◆**準備**／大きな字で歌詞をかいてはる

LET'S TRY

①「ハイハイハイ」だけ言ってみよう。
　指導者が歌詞を歌ったあと，手をあげて大きな声で「ハイハイハイ」だけ歌います。

②指導者の歌う歌詞に該当する人だけ「ハイハイハイ」。
　歌詞をかえてコミカルに歌います。
　たとえば
　♪孫がいるひと　ハイハイハイ！
　♪めがねのひとだけ　ハイハイハイ！
　♪美人のひとだけ　ハイハイハイ！
　♪若いひとだけ　ハイハイハイ！

③歌詞に合わせて歌おう。
　最後に全員で「ハイハイハイ」を力まず，なめらかに歌ってみましょう。

歌って楽しむ

POINT

「ハイハイハイ」と手をあげるのを，運動と考えて，左右交互に，グーと握って，前に両手を出して……などと指示をプラスするとよいでしょう。

HAI！ HAI！ HAI！

作詞／福尾野歩　作曲／才谷梅太郎

1. そらは たかいヨ　ハイハイハイ！　　うみは ひろいヨ　ハイ ハイ ハイ！
2. さあさ みんなで　ハイハイハイ！　　リズム にのせて　ハイ ハイ ハイ！
3. そらに むかって　ハイハイハイ！　　うみに とどけヨ　ハイ ハイ ハイ！
4. おとこ のこだけ　ハイハイハイ！　　おんな のこだけ　ハイ ハイ ハイ！

きみも おいで　ハイ ハイ ハイ！　　ぼくと うたおヨ　ハイ ハイ ハイ！
きみも おどろヨ　ハイ ハイ ハイ！　　もっと げんきに　ハイ ハイ ハイ！
てびょうし たたき　ハイ ハイ ハイ！　　もっと ようきに　ハイ ハイ ハイ！
たのしい きぶんは　ハイ ハイ ハイ！　　さあさ みんなで　ハイ ハイ ハイ！

38 げんきおんど

朝でも昼でも，レクリエーションの集まりの始まりや別れのときに，また寝たきりのお年寄りと介護者とのあいさつに，歌ってみてください。民謡調のリズム。ときには振りも加え動きましょう。

○人数／何人でも
◇準備／大きな字で歌詞をかいてはる

LET'S TRY

①大きな声で「げんき，げんき」。

はじめの，「げんき，げんき」と最後の「おはよう」だけを全員で言って，あとは指導者が手拍子をとって歌ってみましょう。

※あいさつの歌詞は，「こんにちは」「さようなら」とかえて，歌うときに合わせます。

②振りをつけて歌おう。

♪げんき　げんき〜

両手をグーにして大きく交互に振り，その場で元気よく足踏み。

♪あさだげんきだ　きもちがいいぞ

ひざを2回たたき，右上で拍手1回。ひざを2回たたき左上で拍手1回，をくり返す。

♪おひさまキラキラキラキラリ

足踏みしながら，両手を大きく，顔の前で円をえがくようにひらひらさせて，上から下へおろす。

歌って楽しむ

♪おおきなこえだして

両手をメガホンのように口に当てる。

♪おはよう

大きな声で言いながら，おじぎ。最後の伴奏は手拍子。

> **POINT**
> - 寝たきりのお年寄りと介護者と1対1の場合は，お年寄りをベッドの上に起こし座らせてから，両手をとって歌いながらリズミカルに振ってあいさつしましょう。
> - 歌いながら体に刺激を与えるつもりで，手や足をできるだけ大きく元気に動かします。

げんきおんど

作詞／ふるさわ　けん　作曲／中村弘明

げんきげんき　げんきげんき　げんきおんどだよ
あさだ　げんきだー　きもちがいーいぞ
おひさまキラキラ　キラキラリ　おおきな　こえだして
おはよう　（演奏に合わせ手拍子）

39 かなづちトントン

手と下肢の運動を取り入れた，ちょっと頭を使う歌あそびです。1～5本までだんだんと動作が増えていきます。慣れたらテンポを速めてみましょう。

○**人数**／何人でも
◆**準備**／大きな字で歌詞をかいてはる

LET'S TRY

① 手でかなづちを作ろう。

　右手をギュッと握り,「♪かなづち　トントン　いっぽんでトントン」と上下に振ってひざをたたきます。「♪かなづちトントン　にほんでトントン」で両手でトントン両ひざをたたいてみます。

・「トントントン……，ストップ」であそびます。ストップの合図があったらとめて，またトントン……，をくり返します。

② 3本で動かそう。

　両手と左足を床にたたいてリズムをとってみます。

　「♪かなづち　トントン　3ぽんでトントン」と歌に合わせて動かしましょう。

③ 4本で動かそう。

　両手を握って両ひざをたたき，両足で足ふみを同時にリズミカルにトントントンと動かします。

歌って楽しむ

「♪かなづち　トントン　4ほんでトントン」と歌に合わせて動かしましょう。

④5本で動かそう。

両手を握って両ひざをたたき，首も一緒に上下にふりながらリズムをとります。次に両足で足ふみも加えて動かしてみましょう。

「♪かなづち　トントン　5ほんでトントン」と歌に合わせて動かします。

⑤さあ，考えながら動かしてみよう。

1本から5本まで，ゆっくり順に歌います。

・1番ずつ，「次は3ぽんですよ。どことどことどこを動かすのかな？」と聞いてから動かします。

・順番に関係なく，「4ほんは？」「2ほんは？」と聞いて動かすこともやってみましょう。

POINT
ゆっくりでも確実に，手，首，足の運動を意識しながら動かしましょう。

かなづちトントン

訳詞／幼児さんびか委員会　外国曲

| かなづち　トン　トン　いっぽんで　ごほんで　トン　トン |
| かなづち　トン　トン　にさんしごほんで　つつつつつぎぎぎれこ　はははははなさんしごで　んぽほほほんんんんし　ぽんんんまい |

40 赤い靴

かえ歌のいろいろな色で，動作が変わるあそび歌。指導者の指示をよく聞いたり見たり，集中力が必要な歌のゲームです。リズムがゆっくりなので，動作はストレッチの効果があります。

◯**人数**／何人でも
◇**準備**／できれば，大きな字で歌詞と色の動作をかいてはる

LET'S TRY

①「赤い靴」だけで歌おう。
　「赤い靴，赤い靴……」と歌詞を「赤い靴」だけをくり返して歌います。

・「次に赤い靴の動作をしますね」と両手をあげ，手首をつかみストレッチしながら歌います。

♪あかいくつ　♪あかいくつ
♪あ～かい～くつ～

上にひっぱり，前にもってきて左右に振り，また上にあげてみよう

②いろいろな色の動作を覚えよう。
　いくつも一度に覚えるのはたいへんなので，1色ずつの動作をやってみます。
　白い靴……両手を横に伸ばす。
　黄色い靴……反対へ伸ばした腕をもう一方の腕でロック。
　青い靴……両手を後ろでつかみ，ギュッと胸をはる。

③さあ，何色？
　指導者の動作に合わせ，全員が色の名前をかえて歌います。ゆっくりと，1～2色からやってみましょう。

歌って楽しむ

・その逆，指導者が色の名前をかえて歌い，みんながそれに合わせて動作をします。

白い靴　　青い靴

黄色い靴

POINT
動作が落ちつくまで色のチェンジはしないで，ストレッチをしっかりと。

赤い靴

作詞／野口雨情　作曲／本居長世

あかいくつ　はいてた　おんなのこ
いじんさんに　つれられて　いっちゃった

41 山の音楽家

よく知られている歌。お年寄りが歌えなくても、楽器の演奏の楽しい振りつきで、介護者が歌って見せてあげましょう。何人かで歌うときは順に一人ずつ、自分の考えたかえ歌を歌うのも楽しいですね。

◯**人数**／何人でも
◇**準備**／特になし（歌詞を紙にかいてはってもよい）

LET'S TRY

①まずは「山の音楽家」を手振りで楽しもう。
　1番　キュキュキュキュ〜　バイオリンを弾くまね。弦を弾く手を動かす。
　2番　ピピピピ〜　フルートをふくまね。指を動かす。
　3番　ポコポンポン〜　おなかをたたくまね。両手を動かす。

②かえ歌で、好きな楽器で演奏するまねをしよう。
「「何の楽器を演奏しましょうか」と歌う前に考え、ピアノ、太鼓、トランペット、三味線、鼓など、好きな楽器を選んで歌います。」
　♪わたしゃおんがくか　やまだたろう　じょうずにピアノを　弾いてみます
　ポロポロロン　ポロポロロン　いかーがです

③得意なもので歌ってみよう。
　作詞家になったつもりで、介護者と一緒に歌詞を考えましょう。
　庭いじり、洋裁、編み物など、趣味や得意なものを歌にして歌ってみます。
　♪わたしゃうえきーを　いじるのがすき
　じょうずにたねから　はなをさかせます
　パラパラパラ　チョキチョキチョキ　いかーがです

歌って楽しむ

POINT

キュッキュッ，ピピピ，ポコポコなど，普段言わない擬音は顔の筋肉を動かし，刺激になります。思うように唇が動かないときは，ゆっくり歌って。歌う前に擬音だけを練習してみてもよいでしょう。

ピピピ
ピピピ

山の音楽家

作詞／水田詩仙　ドイツ民謡

1. わたしゃおんがくかやまのこりすじょ　うずにバイオリンひいてみましょう　キュキュ　キュキュキュキュキュ　キュキュキュキュキュ　キュキュキュキュ　キュキュキュ　いかーがでです
2. わたしゃおんがくかやまのことりじょ　うずにフルートふいてみましょう　ピピ　ピピピピピ　ピピピピピ　ピピピピ　ピピピ　いかーがでです
3. わたしゃおんがくかやまのたぬきじょ　うずにたいこをたたいてみましょう　ポコ　ポンポンポンポ　ポンポンポンポ　ポンポンポンポ　ポンポンポン　いかーがでです

ちょこっとあそび③

あんたがたどこさ

♪あんたがた　どこさ　の「さ」のところに動作をつけます。拍手したり，頭やひざを軽くたたいたり，ほっぺをさわったり……。リーダーのまねをしながらリズミカルに動かします。

LET'S TRY
あんたがた　どこさ　肥後(ひご)さ　肥後　どこさ
熊本さ　熊本　どこさ　洗馬(せんば)さ
洗馬山には　狸が　おってさ
それを　猟師が　鉄砲で　撃ってさ
煮てさ　焼いてさ　うまさが　さっさ

編著者紹介

●グループこんぺいと
　1987年，幼・保・小の教師9人が集まって，保育現場を持ちながら企画編集をする会社を設立。現在，神奈川県相模原市相模大野子どものスペースを拠点に活動する。お年寄りの訪問看護，ボランティアグループなどのネットと幼児がジョイントした活動を企画中。
　著書に『育児日記』0～1歳・1～2歳（平凡社），ビデオ『ワクワク親子クッキング』（ポニーキャニオン），『集会やお楽しみ会のレクリエーションゲーム BEST47』『簡単レク BEST58＆介護ダイアリー』『0・1・2歳児の親子ふれあいあそび41』『クラス担任のアイディア BEST65＆基礎知識』『シチュエーション別保護者対応Q＆A50』（黎明書房）他。
☎158-0082
東京都世田谷区等々力3-6-3 梓ビル101
　　　　　　　Tel 03-5707-2553

●菅野満喜子（グループこんぺいと代表）
　幼稚園教諭，「赤ちゃん110番」電話相談員，出版社勤務を経て，グループこんぺいと設立。保育専門誌での執筆や編集，保育者にあそびの指導も行う。神奈川県横浜市在住。

座ったままで楽しめるあそび BEST41

2000年11月20日　初版発行
2008年1月15日　10刷発行

編 著 者	グループこんぺいと
発 行 者	武馬久仁裕
印　　刷	株式会社　太洋社
製　　本	株式会社　太洋社

発 行 所　　株式会社　黎明書房

〒460-0002　名古屋市中区丸の内3-6-27 EBSビル
☎052-962-3045　FAX 052-951-9065　振替・00880-1-59001
〒101-0051　東京連絡所・千代田区神田神保町1-32-2
　　　　　　　　　　　南部ビル302号　☎03-3268-3470

落丁本・乱丁本はお取替します。　ISBN978-4-654-05754-2
© Group Compeito 2000, Printed in Japan
日本音楽著作権協会(出)許諾第0011568-710号

お年寄りと楽しむゲーム&レク①
実際に現場で盛り上がる ゲーム&指導のコツ

斎藤道雄著　Ａ５判・94頁　1600円

「ゲームを盛り下げない５か条」など、現場経験の豊富な著者が、試行錯誤しながら生み出した指導のコツと手軽に楽しくできる人気のゲーム23種を、イラストとともに紹介。

お年寄りと楽しむゲーム&レク②
少人数で楽しむレクリエーション12ヵ月

今井弘雄著　Ａ５判・102頁　1600円

グループホームなどの小規模施設や小グループで楽しめるレクや歌あそぴと、集会でのお話のヒント、また、各月にちなんだ行事や食べ物のお話などを月ごとに紹介。

お年寄りと楽しむゲーム&レク③
デイホームのための お年寄りの簡単ゲーム集

斎藤道雄著　Ａ５判・96頁　1600円

介護度レベル付き／デイホームのお年寄りに笑顔が広がる、簡単で楽しいゲーム23種と、明るいデイホーム作りに役立つさまざまなヒントやアドバイスを、イラスト入りでわかりやすく紹介。

お年寄りと楽しむゲーム&レク④
虚弱や軽い障害・軽い認知症の人でもできる レクゲーム集

今井弘雄著　Ａ５判・97頁　1600円

「魚、木で勝負」「まとめてハウマッチ」など身体をあまり動かさずちょっと頭を使うレク20種と、「震源地はどこだ」「ダルマ倒し」など軽く身体を動かすレク21種を紹介。

お年寄りと楽しむゲーム&レク⑤
特養でもできる 楽しいアクティビティ32

斎藤道雄著　Ａ５判・93頁　1600円

特養のお年寄りたちが身体を動かせる簡単レク・ゲーム32種紹介。生活のリズムを作り、残存機能の維持に役立つ。からだを動かすお手伝い／からだをほぐすお手伝い／虚弱なお年寄りのアクティビティって？

お年寄りが笑顔で楽しむゲーム&遊び①
介護予防と転倒予防のための 楽しいレクゲーム45

今井弘雄著　Ａ５判・102頁　1600円

介護施設に入所することなく、家庭やデイサービスでいつまでも健やかに生活できるよう、高齢者の体力・筋力の維持・向上、機能回復を図る楽しいレクゲームを３部に分けて45種紹介。

高齢者ケアのためのゲーム&遊び⑤
集会やお楽しみ会の レクリエーションゲーム BEST 47

グループこんぺいと編著　Ａ５判・94頁　1500円

レクリエーションで楽しく気分転換をしながら、機能回復をめざす47種類のゲームを、体を使うゲーム、言葉を使うゲーム、手先を使うゲーム、季節感のあるゲームに分け、イラストを交えて紹介。

表示価格は本体価格です。別途消費税がかかります。